会社の責任？　それとも……？

# 社員が メンタル 不調 になる前に

株式会社Smart相談室
藤田康男

日本能率協会マネジメントセンター

## 【はじめに】

話を聴き切れない人事労務担当者こそ、モヤモヤでいっぱいになっている。

「21：00。今日もまた、希望者との面談を行ったために給与計算の作業が後回しになった。通常の人事労務関連の業務とは別に、突発的に設定される希望者との面談。しっかり対応したいけれど、通常の業務もある……。しかも、ほとんどの面談希望者にメンタル不調の兆しを感じる」

「面談時間は60分。メンタル不調の状態を複数の角度から判断する必要がある。だいたい、面談を開始して5分程度でメンタル不調の兆しは把握できる。しかし、メンタル不調に陥った時点で対応するこの仕組み自体、どうにかならないものか。そもそも人事労務担当者の私が面談するぐらいで、メンタル不調者が快方に向かう訳でもないだろう！」

そう感じている人事労務担当者の方、いらっしゃいませんか？

おそらく、企業で働かれている人事労務担当者のほとんどの方が、すでにメンタル不調に陥ってしまっている社員に対応しているはずです。もちろん、それは業務としてしっかり対応しなければなりません。しかしながら、これまで通りの対応で社員がハッピーに働ける環境をつくれるでしょうか？

本書は、そんなことを感じている人事労務担当者のために執筆しました。人事労務担当者の「本当は分かっているけど、口に出せない声」を代弁しています。また、その状況に気付いている経営者の方にも手に取っていただきたいのです。社員のメンタルヘルスに対する新しい対応策をご理解いただけるはずです。その後、文章を書き進めながら、やっぱり働いているみなさんへの想いを抑えられませんでした。そもそも、会社で働く社員の皆さんがハッピーに働いて欲しい、そのためのヒントにもなればと思います。

私は、これまでの組織マネジメント経験から、「メンタル不調に陥ってから」ではなく、「メンタル不調になる前」に対応することが、本当の解決策になると強く信じています。メンタル疾患は風邪などのよくある病気と違い、一度罹患するとすぐには治りません。罹患すると中期的に治療を重ね、治療が完了した後も長い人生において、つかず離れず付き合っていく疾患です。であれば尚更、罹患しないことが重要になります。

私は、多くの社員が「メンタル不調になる前に」相談できる環境をつくり、日本の生産性を上げていきたいと考え、法人向けオンラインカウンセリングサービスを提供する「株式会社Ｓｍａｒｔ相談室」を設立し運営しています。

このＳｍａｒｔ相談室を立ち上げる前に、私は仲間と「メンタル不調になる前に」対応することができないものかと、メンタル不調者２００名に聞き取り調査を行いました。その結果、次の二つのことが分かりました。

一つめは、メンタル不調者は、どこまでが「健康」で、どこからが「病気」なのか分かっていません。その結果、ほとんどのメンタル不調者が、周りから声をかけられて初めて自分が「病気」であることを認識します。特に真面目だったり、優秀だったりする社員は、多少のストレスを感じていても、「当然のこと」と認識して仕事に没頭します。

しかし、その途中のどこかで「病気」になっているのです。本人にしてみれば、声をかけられてからようやく気が付くので、「もっと早く声をかけてくれれば、状況が変わっていたのに」などと言います。「もっと早めに声をかけてくれれば、外食やショッピングに行くなどして気分転換をし、また来週から頑張れた。どうして、病気になってから声をかけて来るんだ」と。

二つめは、調査を続けて行くと、調子が悪くなったそもそもの理由が、「自分の評価に関わるようなこと」「パートナーのことなどかなり個人的なこと」「見方によれば些細なこと」だったりするのです。

私は、この2点から「病気ではない健康な状態でも、自らの判断で気軽に話ができるような仕組み」を社内につくり、そこに相談すれば良いのではないか、と考えました。しかし、仮にその仕組みがあったとしても、自分の評価に関わるようなことを会社には相談しないでしょうし、プライベートなことや、パートナーに関する悩みを、上司や人事労務担当者に相談することは常識的に考えてもないだろうと思いました。

ここには「合理的に相談できないギャップ」が存在していると私は悟ったのです。

それがSmart相談室の原点です。相談者の悩みは本当に千差万別で、そのメンタルレベルも人それぞれなのです。そして、企業内で奮闘される人事労務担当者が利益を追求する組織の中で、もがき、時に疲れ、諦めてしまっているケースも散見されます。

現在、Smart相談室には、日本全国津々浦々、プライム市場上場企業からスタートアップ企業、地方拠点の企業まで、月に1300社以上の企業からお問い合わせをいただき、「合理的に相談できないギャップ」に対するソリューションについて説明をしています。年間で全従業員の20％がＳｍａｒｔ相談室を活用されている企業もあり、これまでにない価値観で発想したサービス内容について、人事担当者が嬉々として質問をしてくださる姿から、Ｓｍａｒｔ相談室が社会を変える力となっていることを確信しています。

本書では、実際の相談者、人事労務担当者、カウンセラー、それぞれの立場からの実例を掲載し、そこにどのような課題があり、その課題についてどのように対応し、解決しているのかを具体的にお伝えしています。

また、今後求められるであろう、人事労務担当者のあるべき姿についても触れています。私が「合理的に相談できないギャップ」を埋める活動を進める中で感じている、今後、社会に求められる人事労務担当者の姿と、社員と企業の労使関係のあり方について共感していただけるはずです。

藤田康男

CONTENTS

## 第3章

# 「モヤモヤ」したら、まずは相談してイイ

# 第4章 メンタル不調は誰にでも起こる

第5章

# 人の数だけ相談がある＋カウンセラー問題
## ―Ｓｍａｒｔ相談室を開設して分かったこと―

## 第6章 Smart相談室の現場から
## ―人事労務担当者、相談者、カウンセラーの声―

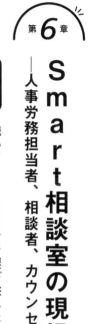

第7章

# 今後、求められる人事労務担当者の役割

## ―人的資本に対する新しいアプローチ―

第1章

# 新卒が一人退職すると、１１０４万円損失という現実

**前触れもなく、突然社員が辞めてしまう……**

皆さんの会社で、そんなことはありませんか？

どんな企業にお勤めの方でも、取引先やご家族のことまで含めると、かなり多くの方がそのような経験をしていると思います。この突然辞めてしまう社員ですが、中には建設的な理由の方もいらっしゃるとは思いますが、体調不良、特にメンタル不調で辞めてしまう方のほうが圧倒的に多いのではないでしょうか。

厚生労働省の「労働安全衛生調査（実態調査）」では、**メンタル不調が原因で1ヶ月以上の休職、または退職をされる方が全事業所の10％以上**にのぼります。これは「メンタル不調」を明確な退職理由として識別できる方の人数ですので、メンタル疾患予備軍も含めると相当数の方が、何らかのメンタル不調を感じているはずです。

私は15年以上事業責任者の立場で仕事をしています。当然のことながら、人員計画の大切さを理解し、人員計画の予実のズレが事業に大きなインパクトを与えることを、身をもって経験しています。事業責任者の方でなくても、職場で何らかの理由で欠員が出れば、その分、働き手が減るわけですから、様々な皺寄せが自分に来たなどの影響を感じたことがあるでしょう。従事されている業務が労働集約型の場合、その影響は非常に大きいと思います。さらに、長年ＰＬ（損益計算書）を管理し、利益にコミットする仕事をしていますので、１名の欠員がＰＬに与える影響を考えるとゾッとしてしまいます。

さて、その損失を具体的な数字で表してみましょう。
仮に退職した社員の年収を４８０万円とします。

・労働配分率を50％とすると、年間９６０万円の付加価値減（４８０÷50％）
＊利益率を30％とすると、３，２００万円の売上減（９６０÷30％）
・採用時の人材紹介手数料を30％とすると、１４４万円（４８０×30％）
**単純計算で、１，１０４万円（９６０＋１４４万円）の損失**が計算できます。

この数字とは別に、入社時の面接コスト、入退社時の調整コスト、育成に関するコストなどを含めると、さらに大きなものになります。また、これらのコストを補填するための売上を逆算するとかなりの額になります。これが、退職者が発生した時に想定される損失です。この試算を目にすると、**計画通り採用することも大切ですが、退職させないことも非常に重要なこと**だとよく分かります。

**60％の企業で下記のようなメンタルヘルス対策を実施**

**実施割合と内容**

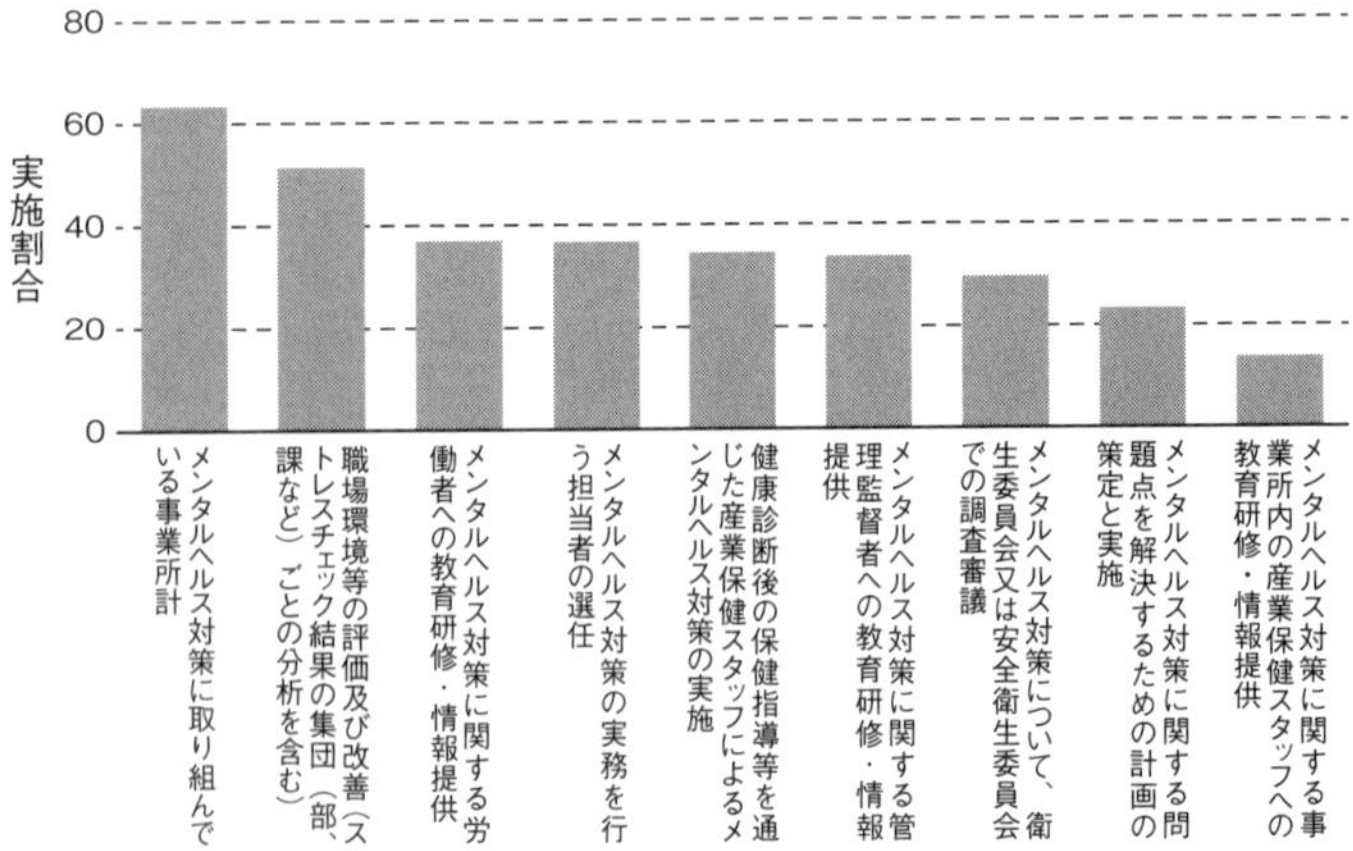


出所：厚生労働省　令和４年「労働安全衛生調査（実態調査）」

更に気になるのが、この状況を政府や人事労務担当者が理解しているにも関わらず、**メンタルヘルス対策に関する状況が改善されていない**ことです。

職場におけるメンタル不調の対策は、「社員の健康を守る」という観点から日々検討され、手が打たれています。産業医との契約やストレスチェックの実施、ハラスメント窓口の設置などが法制度化されていることからも、さまざまな施策が考えられていることが分かります。そして実際に、厚生労働省の令和4年「労働安全衛生調査（実態調査）」によれば、60％の企業で上記のようなメンタルヘルス対策が実施されています。

突然辞めてしまう社員が増えている

## 精神疾患を有する総患者数の推移

○ 精神疾患を有する総患者数は約419.3万人【入院：約30.2万人、外来：約389.1万人】
　※うち精神病床における入院患者数は約27.8万人
○ 入院患者数は過去15年間で減少傾向（約34.5万人→30.2万人【△約4万3千人】）
　一方、外来患者数は増加傾向（約223.9万人→389.1万人【約165万2千人】）

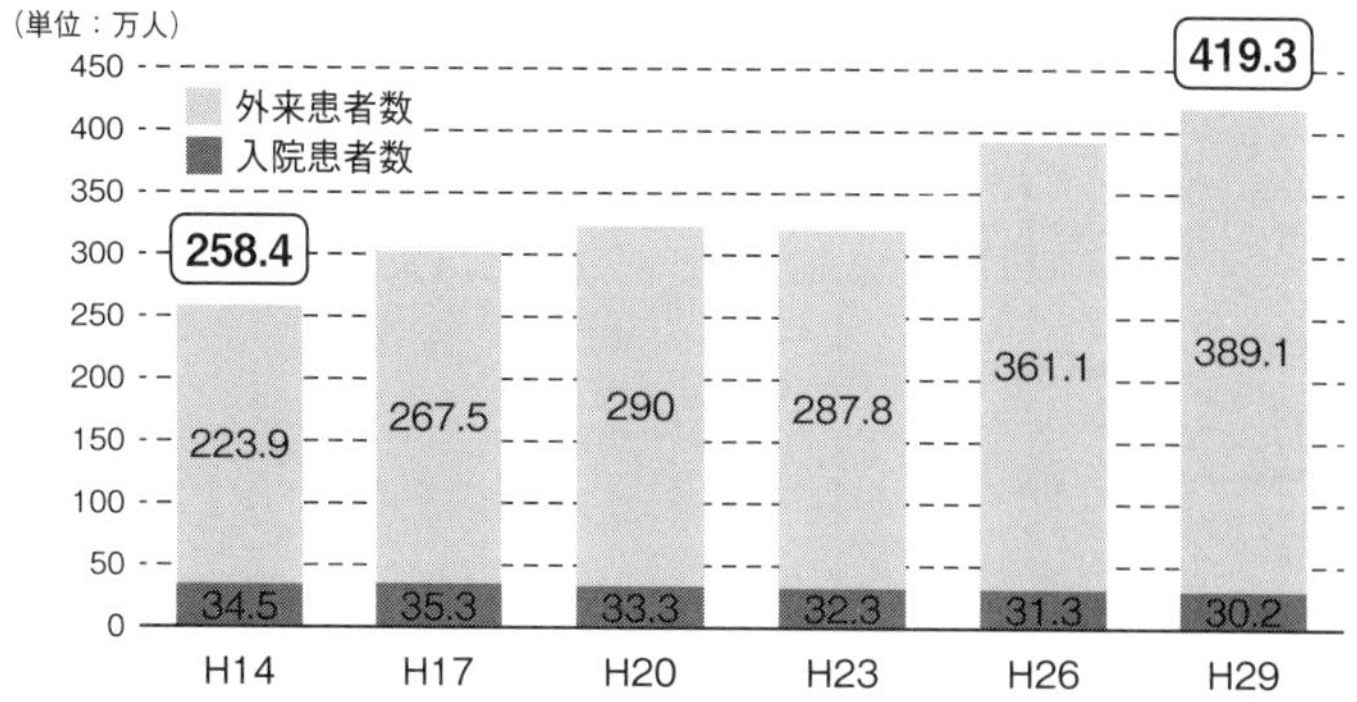


出所：厚生労働省　令和４年「労働安全衛生調査（実態調査）」

のは、みんな肌感覚で分かっています。そして企業としても決して手をこまねいている訳ではないのです。

しかし、日本ではメンタル疾患者が年々増え続け、ここ数年は著しい増加を示しています。我々は、メンタル不調との付き合い方を真剣に変えていくべき時期にさしかかっています。

また、会社で実施されるメンタルヘルス対策で一般的なのはストレスチェックです。ほとんどの企業でストレスチェックが行われていますが、みなさんは、ご自身のストレスチェックの結果を分析できていますか？

前回と比べてどのように変化したのか、その原因は何か、自分の結果が集団の中でどの辺りに属しているのか、把握していますか？　ストレスチェックによって、高ストレス者がスクリーニングされ、高ストレス者に対しては産業医面談が推奨されます。仮に、自分が高ストレス者でなかった場合、それでメンタルヘルス対策になっているでしょうか。逆に、高ストレス者だった場合、自ら希望して産業医面談を受けますか？　その面談では何を話しますか？「調子が悪いです」と言えますか？

現行のストレスチェックの仕組みは非常に有意義ですし、会社として最低限実施しなければいけない法的義務があります。ですが、ストレスチェックの実施だけで、社員の健康を担保できているわけではないのです。社会が変化する中で、その社会変化に対応した取り組みを行う必要があると私は考えています。

## 自分ではメンタル不調に気付けない

**あなたは、今、メンタル不調ですか？**

……分からない？

それでは質問を変えましょう。

**あなたは、今、メンタル関連の病気ですか?**

……やはり、分からないですか。

お医者さんから病名の診断結果が下ってないと、「はい、病気です」とはご自分ではなかなか言えないものでしょう。

**では、今、あなたは、モヤモヤしていますか?**

この質問には多くの方がYESと答えるのではないでしょうか。試しに、私は近くにいた周囲の5名に質問してみました。すると、そのうち、なんと4名がYESと答えたのです。それほど、モヤモヤは一般的な感情なのだと思います。

次に本題の質問です。

**皆さんは、「モヤモヤ」と「病気」の境目が分かりますか? または、モヤモヤして調子が悪いと感じ、医師に診てもらうべきタイミングが分かりますか?**

恐らくほとんどの方は、モヤモヤと病気の境目は分からないでしょうし、医師に診てもらうべきタイミングも分からないでしょう。私自身も分かりません。

「はじめに」にも書きましたが、私は以前、メンタル不調者200名に聞き取り調査を行ったことがあります。その結果、ほとんどのメンタル不調者が周りから声をかけられて初めて、自分が「病気」であると認識していることが分かりました。どこからが「病気」で、どこまでが「健康」なのか分からなかった、とほぼ全員が答えたのです。

そう、**我々は、メンタル不調に自分では気付けない**のです。

そして、モヤモヤしだしたどこかの時点で、すでに「病気」になっているのです。考えてみれば、モヤモヤした感情は幼少期から様々な場面で感じることがあったと思います。それは日常的な感情で、その先の病気というべき状況は未経験なわけですから、その境界線を見極められる方はいないでしょう。逆に言うと、**個人の力量で「メンタル疾患に陥らないようにする」というのは不可能**なのかもしれません。

更にもう一点、知っておいて欲しいことがあります。真面目だったり、責任感が強かったり、優秀な方ほど調子を崩しやすい、と聞いたことがありませんか。統計的なデータがあるわけではありませんが、ここにも誰もが知っておくべきポイントが隠れています。

私を含め多くの方は、様々な壁に向き合い、困難を乗り越えることを「善」とする価値観を持っています。あと少しの努力で成果を出せそうだったり、目標を達成できそうだったりすると、多少無理をしても、その課題に取り組んでしまいます。また、そのような方が周りにいると無意識に完遂することを応援してしまいます。

つまり、我々はストレスを感じたとしても、当事者としてもサポーターとしても、やり遂げることを「当然のこと」と認識し、課題に没頭してしまうのです。誰かに言われたわけではないけれど残業して完成させた、ここが正念場だと思って1週間程度睡眠時間を削って作業した、クライアントから厳しいフィードバックをもらったけれどグッと堪えたなど、**知らず知らずのうちに「健康」と「病気」との境界線を超えて、自分を奮い立たせているいる可能性がある**のです。

## 医師はメンタル不調になるのを待っている？

私たちは自分のメンタル不調に気付けません。一般的な感情である「モヤモヤ」と「病気」の境界線を知る方法の一つとして、医療機関で医師の診療を受けることも増えてきました。

ただ、「心の病」で医師の診療を受けるのは、少し気が引けたりするところがありませんか。日本は国民皆保険が整備され、医師の診療を受けること自体は一般的です。しかし、風邪や腰痛でお医者さんに行くのと比べて、「心の病」でお医者さんに行くのでは、やはり心持ちが違います。

その抵抗感というのは、誰が悪い訳でもなく、幼い頃からの外部環境の影響によるところが大きいと考えています。これまでの人生の中でつくられてきた価値観によるものとも言えるでしょう。私の聞き取り調査で、ほとんどのメンタル不調者が、周りから声をかけられて初めて自分が病気であると認識していた、と先にお伝えしましたが、その根本を辿ると、心の病で受診することへの抵抗があったゆえ、という面も否めないと思います。

では次に、意を決して医療機関を受診した場面についてです。仮に、その段階の診療で何らかの病名がつき、病気であることが分かれば治療は当然始まります。そして恐らく、その段階では心の状態は既にかなり悪く、身体への反応も見られているはずです。

逆に、医療機関を受診した際に、病名がつかなかったらどうなるのでしょうか？

それが、何も起こらないのです。少額の初診料を払ってただ帰る、ということになります。私自身、モヤモヤして医師のもとを訪れた際には、次のようなやりとりがありました。

医師「今日は、どうされましたか？」
私「営業成績が悪くて、モヤモヤして、気持ちが悪いんです」
医師「夜は眠れていますか？」
私「眠れています」
医師「食事はいかがですか？」
私「食が進まないこともありますが、食べています」
医師「集中してお仕事はできていますか？」
私「はい、仕事自体は頑張ってできています」
医師「その他、気になることはありますか？」
私「営業成績が悪くて、どうしたらいいか、モヤモヤしています」
医師「その他は、なにかありますか？」
私「いえ、他にはないですが、仕事のことが気になって、モヤモヤしているんです」
医師「そうですか。まぁ、お仕事を頑張る年齢でしょうし、色々ストレスもあると思います。とにかく、しっかり休息をとって、引き続き頑張ってください。少し様子を見て、もし問題があれば、また来てください」

**私**　「そうですか……。はい。ありがとうございました」

まったく肩透かしを食らったような感覚でした。「えっ、これでおわり?」、そんな想いで医療機関を後にしたのです。「どうやら、病気ではなかったらしい」ということは分かったのですが、「これで、本当にいいのかな?」という想いが残りました。さらにこの後も、何度か医療機関を訪問したのですが、同じようなやり取りを繰り返すばかりで、毎度、「病気ではない」との診断でした。

この間、心の状態が改善している感覚は私自身にはなく、どちらかというと辛さがどんどん増していたのです。また、驚いたことに、メンタル不調者への聞き取り調査を行う中で、同じような経験をした方が何人もおられたのです。その方々は、医療機関に複数回通う中で、ある日、突然病名がつき、そして不意に、いえ、とうとう「あなたは病気です」と診断、宣言されるのです。

私も、もしあのまま医療機関に通い続け、どこかのタイミングで状態が悪くなっていれば、悪くなった段階で病名がつき「あなたは、病気です」という診断が下っていたのだと思います。

私は、これら一連の経験から、**医療機関は「病気であることの診断（判断）を行うこ**

と」**「病気であれば、その治療を行うこと」が役割**なのだと気付きました。当然と言えば、当然です。

ですが、私は、ちょっと意地悪な言い方かもしれませんが、**医師は「通ってくる方がメンタル不調になるのを待っているのかな？」**と思ってしまいました。だって実際、通ってくる方がメンタル不調にならないと、医師はなにもしてくれないのですから……。

## 風邪のようには治らないメンタル不調

多くの人は、「モヤモヤ」を感じるが「健康」と「病気」の境界線が分からない、医師はメンタル不調になるのを待っている、とお伝えしてきました。メンタル不調に気付くことの難しさを、皆さんも感覚的にご理解いただけたのではないかと思います。

さて、ここでさらに危機感を煽るようなことをお伝えします。それは、**メンタル不調は、風邪のようには治らない**、ということです。風邪であれば、少し休養をとり、お薬を飲むことにより、1週間程度で健康な状態に戻ります。しかし、メンタル不調はすぐには治らないのです。また、治ったとしても、心理的には付かず離れず、一生その病気と付き合っていくことになります。よく、うつ病は「心の風邪」などと言われますが、決して風邪のようなものではなく、もっと中長期的に治療が必要なものです。

仮に、職場でメンタル不調による休職者が発生した場合を想像してください。

その休職は数日の休暇では対応できませんから、休職制度が適応されます。そして、短くて1ヶ月、多くの場合は数ヶ月単位の休職期間が設定されるはずです。

参考までに、独立行政法人労働政策研究・研修機構の調査によると、企業ごとにおける病気休職制度の休職期間の上限は、「6ヶ月超から1年未満まで」が22・3%でもっとも割合が高く、次いで「1年超から1年6ヶ月まで」が17・2%などとなっています。「1年6ヵ月超計」(「1年6ヶ月超から2年まで」「2年超から2年6ヶ月まで」「2年6ヶ月超から3年まで」「3年超」の合計)は26・1%、「上限なし」は4・5%という調査結果(＊1)が公表されています。

メンタル不調による休職期間が始まると、社員は心と体の回復を目的に休息することになります。休職期間に入ったばかりの頃は、何もかもが億劫だったり、ベッドから起き上がれなかったりすることもあります。その後、徐々に回復傾向に向かい始め、少しずつやる気が出始めます。しかし、また気分が落ち込んだりすることもあります。そして、次の

## 病気休職制度の休職期間の上限

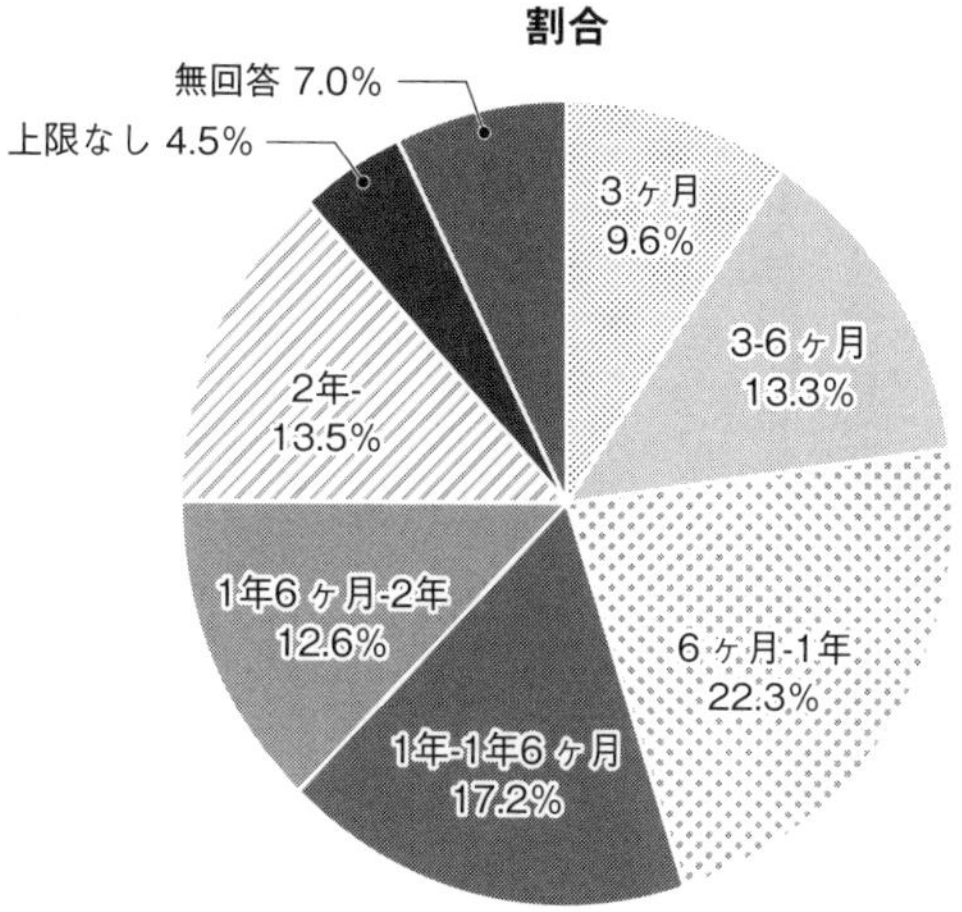


出所：独立行政法人労働政策研究・研修機構「メンタルヘルス、私傷病などの治療と職業生活の両立支援に関する調査」

週には、外出できるようになったり、物事への興味関心が出てきたりすることもあるでしょう。

このように、メンタル不調者は休息を取ることで気分が晴れたり、落ち込んだりを繰り返しながら、徐々に回復に向かいます。この間に主治医と相談しながら、復職の時期を見定めていきます。結果としてメンタル不調から回復し、業務に支障がないことの確認ができた時点で、復職となります。逆に言うと、休職期間は、「治療を行い、業務に復帰するまでの時間」として、会社側からも、ある程度妥当であると考えられている期間とも言えます。

しかし、病気の治療を終え、復職した場合でも、約5割が再発し再休職に至るという調査結果（＊2）もあります。この調査によれば、再発時の休職期間を比較すると、1回目は平均107日に対し、2回目は平均157日、と1・5倍長くなっている点も気に留めておく必要がありそうです。

再発率が高い背景には、会社によって定められた休職期間中に体調を回復させなければならないという意識から、治療の進みに対する焦りが生じ、知らず知らずのうちに回復していない自分を騙しながら無理をして復帰してしまう、という現実があります。また、一時的に良くなったものの、職場環境のストレスに耐えられずに、更に酷い状態に陥ってしまったという可能性もあります。

ここまで休職に関する内容を休職者のこととして述べてきましたが、休職に関する事務作業、休職者への対応を人事労務の方が行う立場から考えると、通常業務と並行して、イレギュラーに発生する仕事としては、負担がかなり大きいことも追記しておきます。

また、私の個人的な意見になりますが、メンタル疾患に罹患したことのある社員は、たとえ元気に出社し、回復したように見えても、その時の苦しさ、辛さを心のどこかに持っているようです。これはある意味、本人達にとっては「お守り」のようなものになります。良い意味で、自分の行動にブレーキをかけ、最悪の状態にならないように、自分の気持ちに折り合いをつけるトリガーのようなものです。そのようにして、メンタル不調から復帰した社員は、メンタル不調と付かず離れず、付き合いながら過ごしているのです。

（＊1）独立行政法人労働政策研究・研修機構「メンタルヘルス・私傷病などの治療と職業生活の両立支援に関する調査」
（＊2）労災疾病臨床研究事業費補助金「主治医と産業医の連携に関する有効な手法の提案に関する研究」（平成28年度総括・分担研究報告書）

## 「合理的に」悩みを言えない実情

これまでメンタル不調に陥るメカニズムと、陥る前に対処することの重要性についてお伝えしました。もう一つ、聞き取り調査で気になったことがあります。

それは、調査対象者のほとんどの方が「**もっと早めに相談しておけばよかった**」と語る点です。メンタル不調になった多くの方は、自分が病気なのだと認識した後、「すぐには回復しないだろう」ということも自分で分かっているのです。だからこそ、「もっと早めに誰かに相談することができれば、自分の状況は変わっていたのではないか」と後悔していたりもします。

調査の中で、そのような想いを伺うと、悪意なくシンプルに、「では、相談すればよかったのに」などと思ってしまうのですが、一歩踏み込んで気持ちを聴くと少し印象が変わります。

それは、「相談すればよかった」と思う一方で、病気と診断された後、改めて振り返ってみても「実際には相談できなかっただろう」とも思われているのです。そのような気持ちの相剋が生じるのは、悩みの原因、理由に拠ります。

そもそも、悩みの原因や理由が、会社の関係者には相談しにくい内容なのです。具体的に挙げると、その悩みの原因や理由の多くが、家族のこと、恋愛や結婚を含めたパートナーのこと、お金関係のこと、業務の成果に関すること、社内キーパーソンとの人間関係のことなどですから、会社の関係者には相談しにくいのです。

**人事労務担当者が見ている社員は、会社にいる時の個人**です。個人が持つ24時間のうち、会社にいるのは8時間程度、すなわちその人の一部を見ているのです。そして、悩みの原因が会社にいる間に発生しているとは限らないのです。残りの16時間に属する家族のこと、パートナー、お金関係のことなどのプライベートなことで悩んでいて、その影響がたまたま会社にいる時間に、症状として身体に出ているだけかもしれません。そのような状況で、会社の関係者である上司や人事労務担当者に相談できるでしょうか。私だったら相談できないです。仮に相談したとしても、相談された方が困るのではないか、とも考えてしまいます。

加えて、業務の成果に関すること、社内キーパーソンとの人間関係のことであれば、もっと相談したくない、と考えるでしょう。それは、会社の関係者に話すことが自分の評価に影響が及ぶのではないか、その後、働きにくくなるのではないか、と想像するからです。その想いは、ちょっと怖さに似た感情のようにも感じます。

特に会社の組織構造の面から気をつけなければならないのは、**職位が高くなればなるほど、比較的メンタルコントロールに長けた方が多く、メンタル不調になる社員はスキルが低い、実力がない、と考える方が多くおられる**ことです。そのため、部下は上司に更に相談しにくくなっています。企業において従業員に対するメンタル不調対策が進まないのは、決裁権限者のメンタルヘルスに関する認識が影響している背景もあります。

最後に、**身近な存在である家族、友人にこそ相談するのが難しい**という方々がいます。それは、**モヤモヤの原因がそもそも家族、友人だったりするから**です。このような場合、当該の社員は八方塞がりで、自分の想いのはけ口がない状況です。また、人事労務担当者は、会社の関係者にあたりますから、積極的に本人の本音を聴くことはできないでしょう。しかし、そのような状況が起こる可能性を念頭におくことで、社員の本音や問題の本質を理解できるはずです。

このように、会社と社員との間には、仮に相談したいと思っても相談できない、そんな心理的な構造が成立しているため、「合理的に」悩みを言えない実情が生まれているのです。

# 第2章

# 人事労務担当者の想いとメンタル不調者の〝深いギャップ〟

## 悩みを言って欲しい人事労務担当の私

第1章で、悩みを相談できない社員の心理、また、悩みを相談できないことにより、誰でもメンタル不調に陥る可能性があることをお伝えしました。これまで多くの人事労務担当者と接してきましたが、仕事の職責上も、ご自身の性格上も、社員の働きやすい環境を実現するために、ご自身の時間やスキルをフルに活用されている、そんな方々ばかりです。そして、社員からの相談対応については、相談者の気持ちを優先しながらできる限りスムーズに対応しようとされています。

特にコロナ禍以降、職場における人間関係の希薄化が課題となりました。オンラインミーティング、各種SNSやSlack、Teamsなどのチャットツールを用いることで業務効率化自体には大きく貢献しているのですが、その一方でメンタルに悪い影響を与えている可能性も指摘されています。そのような環境の中で、人事労務担当者はこれまで以上に社員からの相談対応に意義を見出し、些細な相談でも遠慮なく口に出して欲しい、と積極的に伝えていくなど様々な努力をされています。

また、相談対応の時間を増やすために、勤怠管理、給与計算、入社・退職の手続き、社会保険の手続き、年末調整など、様々な既存の業務をDX化して、時間の使い方を調整されている人事労務担当者もおられます。これまで通りの通常業務を行いながら、新しい職場環境から発生する課題にも対応している、これが人事労務担当者の現状ではないでしょうか。

実際、みなさんの体験談を聴くと、ほとんどの方が「相談対応した社員に笑顔が戻り、嬉々として面談室を出ていった」などと熱っぽく、嬉しそうに語ってくださいます。また共通点として「なるべく早く相談しにきてね」と、普段から社員に相談することを勧めています。なのに、実際は、なかなか相談に来てくれない。そして来てくれた時には、すでにメンタル不調に陥っている、というのが現実です。

それは、なぜでしょうか。

そこには、**人事労務担当者とメンタル不調者の想いの間に、深いギャップがある**からです。

## 悩みを言って欲しくない人事労務担当の私

人事労務担当者は、「悩みを言ってほしい、相談して欲しい」と心から思っておられます。しかし同時に、「悩みを言って欲しくない」と思っている部分もあります。なんとも複雑ですが、それは、次の三つの事象に起因します。

まず、**会社の制度としてすでに回答が決まっているという問題**です。

複数の個人が集まって、組織として成果を出さねばならない会社という集団においては、法制度に則した各種規定によるガバナンスが発生します。それらの規定は、一定のルールに則った上で、各社の歴史や文化に沿った内容になっています。それは、ある種、会社の個性とも言えるものです。人事労務担当者はどんな悩みにでも相談にのり、その悩みに寄り添いたいと思いつつも、給与テーブル、各種手当、働き方、福利厚生などの変更は、一社員の希望に対する例外処理としては、変更対応するのが難しいのです。その結果、社員に誤解を与えないように、かつ会社の規定を否定することなく、社員の気持ちに寄り添う対応をすることになります。この場合、具体的な解決策がないまま社員への対応を続けることになり、虚しさや精神的な疲れを感じてしまいます。そのため、無意識に相談業務を避けてしまうようになるのです。

本論とはズレますが、**仮に社員からの相談をもとに各種制度を変更した方が良い場合は、どんどん検討しましょう。**現行の制度は、過去の歩みをもとに最適化されています。まさに今、変更が必要なものがあれば変更すべきです。人事労務担当者として変更の必要性があれば、積極的に検討すべきです。

次に、**踏み込めない問題**についてです。

相談の内容が会社業務と関係ないプライベートなことだった場合、どこまで話を聴くべきか、その内容についてどのように回答すれば良いのか、難しい判断を迫られます。また、もしかすると意図せず、不適切な依存関係を生んでしまうかもしれません。

仮にプライベートな内容と認識しながらも、話を聴くだけでその社員の表情が明るくなり、パフォーマンスが上がるのであれば、話を聴くことは悪いことではありません。ですが、その回数、期間が長くなれば長くなるほど、両者間の関係性が業務以上のものになったり、プライベートな話を聴くことが全社的に「正」になった場合に、発生し得る問題への対応など、一歩も二歩も先を見越した検討が必要になります。

最後に、**物理的な時間の制約**です。

なるべく相談対応したいとは思うものの、全ての質問にしっかり対応するためには、1日8時間という業務時間の中では不可能だと分かっています。仮に、全社に対して積極的に相談対応を行うとなった場合、相当量の相談業務が発生することになります。もし、複数名で対応することになった場合や、人事労務部内で情報共有を想定すると、更に工数は膨らむでしょう。最大限、既存業務を圧縮したとしても現実的には対応できない業務量です。

これらの三つの事象が、悩みを言って欲しい、相談して欲しいと思っていると同時に、悩みを言って欲しくない、と思ってしまう理由です。

私は、この気持ちを悪いものだとは思いません。相談することで社員がメンタル不調に陥るのを防げるのであれば、会社として相談対応業務に取り組むべきです。その際には、単発的な対応ではなく、中期的に考えて、継続的に対応業務を運営できるようにするべきです。そう考えると、人事労務担当者が心理的、物理的に負担となるポイントを明確にして、その負担を加味した業務設計がなされるべきなのです。

これまでの産業領域のメンタルケアにおける施策は、これらの問題を見て見ぬふりをしてきたのではないでしょうか。法的に導入が必要なものなので導入はしたが、十分な運用を行える工数がなく、その利用率は低い、そのような状態になっていないでしょうか。課題解決のために、前提を疑い、問題に正面から向き合う時期がきています。これら三つの事象について現状の課題とし、ぜひ、自社の状況を確認してみてください。

## 本当は知っていながら、今日も休職者対応

人事労務担当者は、メンタル不調が理由による休職者が発生した際、その事務対応をすることになります。

メンタル不調の兆しというのは、本人から申し出るということはあまりなく、多くの場合は所属部門の上司、または同僚が気付き、そこから人事部門に連絡があり、連携を取っていくことになります。ただ、人事労務担当者であれば、直感的に、この段階でご本人の身体症状を改善させることは難しいことを、十分に理解しているのではないでしょうか。メンタル不調者の発生について、その上司から連絡があった時点で、会社の規定に則ってどのようにすればスムーズに対応できるか、を考えているはずです。

**調子が悪くなった社員への対応は、必ず、いえ絶対に必要**です。しかし、メンタル不調者への対応は、やらなければならないことをどうしても四角四面に行っていくことが多くなります。

メンタル不調が身体症状にまで出ている段階において、人事労務担当者ができるのは、本人の状態に対する直接的な改善活動ではなく、治療を受けるための事務的なサポートということになるでしょう。誤解を恐れずに言えば、社員の健康回復に対して、この段階で社員に介入するのでは「遅い」のです。そして、そのことを人事労務担当者はちゃんと知っています。これが、人事労務担当者が知っている休職者対応の実態です。もしかすると、人事労務担当者は心のどこかで、「次はあの部署でメンタル不調者が出るのではないか」「来年度は休職者が増えそう」などと予測していたりするかもしれません。

これまでの日本社会では、会社組織の中でメンタル不調に関する話題を口にすることや、その状況に陥ることを善とせず、個人の問題として、個人が解決するべきものとして捉えられていた面がありました。そのため、メンタル不調にならないための努力は個人が行い、メンタル不調になった場合は、法的な義務として会社がしかるべき対応をする、という構造が出来上がったのではないでしょうか。中には、メンタル不調の傾向によりパフォーマンスが下がっている社員を、自社カルチャーにフィットしていないとして退職勧奨の対象に挙げる経営者もいるようです。

しかし、現在の日本社会は労働人口の急激な減少、外部環境の著しい変化が顕著になっています。この競争環境を想定すれば、企業の経営は心身の不調が原因による遅刻や早退、就労が困難な欠勤、休職など、業務自体が行えない「**アブセンティズム**（健康問題による仕事の欠勤＝病欠）」の視点だけでなく、勤務しているにも関わらず、心身の健康上の問題が作用して、パフォーマンスが上がらない「**プレゼンティズム**（従業員が心身の不調を抱えながら仕事をしている状態）」にまで目配りする必要があります。

そして、休職者への対応をアブセンティズムだけでなく、プレゼンティズムの領域まで含めて検討するとした場合、人事労務担当者は、休職者への対応をスムーズに行うことだけでなく、休職に至る前の段階で何らかの施策を検討する必要があるはずです。私は、**人事労務部門という専門領域が、労務領域の専門家から、組織の生産性、プロフィット部門の成果に直結するような役割に移行していく可能性**を強く感じています。

皆さんは、その準備ができているでしょうか。

# 会社の代弁者を演じる人事労務担当の私

社員がメンタル不調に至るまでの段階、人事労務担当者の心もよう、そして、なすべきことに追われる現実をこれまでお伝えしてきましたが、いかがでしょう。そうだそうだ、と頷きながら読んでいただけたのではないかと思います。

さて、ここからは、社員がメンタル不調を発症してしまってからの具体的な話をします。社員がメンタル不調を発症してしまった場合、人事労務担当者は、会社が策定した法律準拠の社内ルールに則り作業を進めて行きます。一般的に、社員自身から自分の調子が悪いという申し出があったのであれば、数日休むことを勧めます。また、頻繁に数週間の休みが続くようであれば、医療機関での受診を勧めることになります。その結果、何らかの診断が出た場合、会社の規則に則って、必要に応じて休職の手続きを勧めることになります。

この時点で、その休職理由が、会社の責任なのか、社員自身の責任なのか、の判断が下されることになります。**会社の責任であれば「労災」、社員自身の責任であれば「私傷病」**

ということになります。

「労災」とは労働災害のことで、社員が仕事中または通勤途中などに負った傷害や疾病のことを指します。通常、労災は労働者災害保険の対象となり、会社はこれに対する補償や医療費の負担をする責任があります。社員が労働災害に遭った場合、会社は速やかに労働災害として申告し、社員は労働者災害保険の給付や補償を受けることができます。

また、「私傷病」とは社員が私的な活動や非業務中に発生した傷害や疾病を指します。つまり、仕事に関連しない個人的なこと、すなわち日常生活や趣味などで負った傷害や病気を指します。このような私傷病は、通常、労働者災害保険（労災保険）の対象外となり、補償は民間の保険や国民健康保険などで受けることとなります。例えば、休日にテニスをしていて肘を痛めたというのは、当然、私傷病です。逆に、工場で勤務中に怪我をしたり、納品時に交通事故で怪我をした場合や、今は少なくなりましたが、社員研修やレクリエーションなどの会社行事で運動をして怪我などをした場合、それらは労災になります。

では具体的に、「労災」なのか、「私傷病」なのかの判断は誰がするのでしょうか。

その判断は、労働基準監督署長が行います。労災申請の始まりは、当該の社員から会社への申し出である「労災申請」です。社員は労災申請をする権利があります。会社側が当該の労災に関して懐疑的でも、その手続きができるように助力する必要があります。仮に、会社側が協力を拒んだ場合でも、社員は「会社が協力してくれない」旨を記入することで申請ができます。労働災害が起こったら、雇用者は必ず労働基準監督署に対して労災が発生した事実を報告しなければなりません。これを「死傷病報告」と言います。死傷病報告は、労働安全衛生法によって定められた会社の義務なので、報告をせずに労働者に「労災申請をしないように」と言うのは違法です。

会社として労災ではないと考えている場合は、同意する記述はしない状態で従業員の希望に沿い、希望通り労災の申請をしてもらった上で、労災か否かについては労働基準監督署長の判断に委ねます。その後、労働基準監督署長が労災には当たらないと判断すれば、その旨を社員と確認します。この間のプロセスにおいて、労働基準監督署からの調査があれば、会社の見解とその根拠を労働基準監督署に伝え、不合理に誤った労災認定がされないようにする必要があります。上記のような流れの中で、損害賠償請求に発展するケースがあれば、別の事案として弁護士等の専門家に判断を求めるのが妥当です。

さらに難しい現実は、**メンタル不調の多くは、「労災」と認定されることが非常に稀**だということです。そもそもメンタル不調による労災認定は、当該の従業員が精神障害を発病しているという状況が確認されなければなりません。

精神障害とは、外部からのストレスとそのストレスへの個人の対応力の強さとの関係で発病に至ると考えられています。外部からのストレスは、仕事によるストレス、私生活でのストレスなど、様々な事柄から発生します。当該の精神障害が労災認定されるのは、その発病が仕事による強いストレスによるものと判断されなければなりません。この判断が難しいのです。

仕事によるストレスが強かった場合でも、同時に私生活でのストレスもあったり、その人の既往症やアルコール依存傾向などが関係している場合には、どれが発病の原因なのかを医学的に慎重に判断しなければなりません。

また、同じような状況だとしても、人によってその影響が大きかったり小さかったりすることも考えられます。実際にストレスの強度は、精神障害を発病した当該の社員がその出来事とその後の状況を自分としてどう受け止めたかではなく、同じような社員が一般的にどう受け止めるかという観点から評価します。一般に、精神障害が労災に認定される件数は3割程度と言われます。この3割も労災申請した中で認定されたものですから、申請しなかったものも含めれば、メンタル不調の多くが「私傷病」として扱われているのが分かると思います。このような状況から、現在では社会通念的に、**メンタル不調は「私傷**

**病」、すなわち、社員個人の病気に対して会社が対応している、と位置付けられるケースがほとんど**です。

このようにして、個別の事象に関しては会社の見解と社員の見解が折り合わないケースが発生します。その為、会社の対応と社員の気持ちに齟齬が発生することがあります。

例えば、社員がメンタル不調になった場合、数ヶ月の休職期間が発生します。社員としては、「会社が自分のことを考えてお休みをくれた」と思うかもしれません。もちろん、人事労務担当者は、「お大事にしてください」「早く元気になってね」と思っているはずです。しかしそれは、社員個人の病気「私傷病」に対する、人事労務担当者としての「想い」です。休みについても、会社で決められたルールとして社員個人が休むことに対して合意し、社員が休んでいるという状況です。

つまり、会社が何らかの責任や過失を認めて償ったり、報いている訳でもなく、労災ではない扱い、ということです。したがって、休み中に体調を治さなければならないのは社員です。もっと言えば、人事労務担当者としては、休みに入る時に「ゆっくりしてね」と言うと同時に、「休職期間の上限に達すると退職になるよ」とも思っているはずなのです。

そして、社員の休職期間が終わりに近づき、当該の社員が復職を希望すると、産業医による面談が設定されます。医学的には休職を続けた方が良いケースでも、休職期間の上限が近づいている場合には、社員は強く復職を希望するでしょう。しかし、人事労務担当者としては、本人の健康を考えて復職の希望を棄却するでしょう。時には、本人のことを考えてなのか、組織のことを考えてなのか、自分でも分からなくなることもありますよね。休職者への対応におけるこれらの葛藤が人事労務担当者の心に重くのしかかってきます。更に、休職や復職の最終的な意思決定は人事労務担当の皆さん（会社側）にあります。

このように、**人事労務担当者は、「会社の代弁者の想い」と「自分の想い」を行き来しながら、休職者対応をしている**のです。

今、作業をしているあなたは、個人のあなたですか。それとも、会社の代弁者としてのあなたですか。

## 人事労務担当者もメンタル不調者

人事労務担当者は、日々、複数の利害関係者の間でバランスをとりながら、その役割を全うしています。自分自身もいち社員としての仕事とプライベートがありながら、メンタル不調の社員と会社、私傷病と労災、積極的に不調者に寄り添いたい気持ちと、できれば寄り添いたくない気持ち、理想と現実、様々な相剋を逡巡しながら、なんとか業務を前に進めている、そんな毎日なのではないでしょうか。

私は、メンタル不調に陥る社員とその環境を取り巻く企業経営の現場に課題感を持って、常々、多くの方からお話を伺っています。ほぼ全ての人事労務担当者の方が、現状を変えることの難しさや、ご自身の無力感、もどかしさを口にされます。

その状況は、**これまでの労務領域での慣習や仕組みが現在の社会環境に適応していない**ことが大きな理由で、会社との間で板挟みになっているように感じます。その上、通常業務がある中で、突発的な対応を迫られ、ハラスメントに関連した対応や長時間勤務者への対応など、日々多忙の中で、時間的、物理的な制約も多くあるでしょう。

精神的にも物理的にも逃げ場がない状況で、困っている人をほうっておけない性格なども相まって、擦り切れるまで頑張ってしまっている人事労務担当者の方が多いように思います。私自身も経営者として自社の人事労務担当者に社員のメンタル不調者の状況や職場環境などを質問しますが、**人事労務担当者自身も社員である**ことを強く意識するようにしています。上司に相談できず、さらに経営トップに自ら申し出るようなことは非常に難しいという実情の中で、過酷な環境で頑張り過ぎている可能性があるからです。

人事労務担当者の方は、これを機会にぜひ、ご自身の気持ちに目を向けてみてください。頑張り過ぎていたり、逃げ場がなかったりする状況であれば、少しペースを落として、自分の安全圏を再確認しましょう。**あなたが安全にゆとりを持って働けていることが、社員の幸せに繋がります**。また、あなたが振り返って自分を確認したのと同じように、社員ができるようにサポートしてあげてください。あなた自身がメンタル不調者予備軍の代表的ペルソナかもしれません。

人事労務担当者のあなたは、誰かに相談できていますか。自分のことを大切にできていますか。

COLUMN

# 人事労務担当者が社員の話を聴くときに大切なこと

Smart相談室　スーパーバイザー
株式会社生き方はたらき方ラボラトリー 代表
**鵜飼柔美**

20年近くカウンセラーとして活動をしてきましたが、そのほとんどが労働者の心の健康の保持増進のための指針に示されている四つのケア（セルフケア、ラインケア、事業場内産業保健スタッフ等によるケア、事業場外資源によるケア）で言うところの「事業場外資源」、社外のカウンセラーとしての位置づけでした。月に一度とか、毎週とか、何時から何時までというお約束で訪問させていただく形で、つまりメンタルヘルスケアやキャリア形成支援のお手伝いをさせていただくという重要な役割をいただきながら、「いつも会社にいない人」だったわけですね。そんな社外の人間であるカウンセラーと従業員を繋いでくださるのが、だいたいいつも人事労務担当者の方々でした。時に窓口としてお一人だったり、時に複数のチーム制だったり、人事部だったり総務部だったり、事業場によって形は様々ではありましたが、この繋ぎ役がいなければ成り立た

Column

ない業務でした。

ラグビーで言うなら、スクラムを組む8人の後ろにいて、そこから出たボールをバックスに繋ぐ「スクラムハーフ」のような役割と言いましょうか。おしくらまんじゅうのようになっているところからピコッと出てきた問題を専門家に繋ぐ、時には自分も走る。頼もしい存在でありつつ、大変なお役目であったと思います。

私たちカウンセラーの元に来られる前に、人事労務担当者が従業員の話を聴いておられる場合もありますし、カウンセラーの方から「ここは人事労務担当の方と話し合う機会をいただいたらいかがですか」とお勧めする場合もありますが、話を「傾聴する」という場面は業務上多々あるかと思います。産業カウンセラーやキャリアコンサルタントの養成講座にも人事労務担当者がたくさん学びにいらっしゃいました。実際に現場で傾聴をしようとすると、カウンセラーとは違う難しさがあるかと思います。

それはやはり、多重関係であること。話す側、聴く側という単純な関係ではなく、社内の人間同士、しかも人事労務部署ですから様々な個人情報を知っている立場です。相談する側としても、評価に影響しないか、分かってもらえるのか、というような不安があっても不思議ではない関係性のうえで聴くことになりますから、なかなかカウンセリングと同様の効果は難しいことも多々あるでしょう。しかし一方で、社内の事情が分かっているからこその安心感や、日常的にコミュニケーションが取りやすいという意味で話をするハードルが低い場合もあるかと思います。

カウンセリングを学んで資格を取った方も、資格取得後すぐに最初からカウンセリングをしなくてはと思わずに、カウンセリングマインドを持った人事労務担当者として話を聴く、というスタンスで経験を積み重ね、さらに学びを深めていくことで、担当する場にちょうどよい在り様がつかめていくのではないかと思います。とにかく「〜しなきゃ」にのみ込まれないでいていただきたいのです。

例えば、人事労務担当のお立場から気になった従業員についてご相談を受け、早期に対処ができたときには、やはり普段のコミュニケーションと観察力が何より重要だと感じます。また、カウンセラーからもご本人が行動するには難しいような部分をフォローしていただくようにお伝えすることがあります。

これまでの経験で言えば、面談のなかで現状や上司に対しての不満が大きく、攻撃的な発言が頻発しており、当該上司と個別面談があるが、場合によっては危害を加えるかもしれないと予想された際には、対立する両者以外の第三者が加わることをご本人に提案するだけでなく、了解を得て人事労務担当者にもその旨をお伝えしたことがありました。社外のカウンセラーとしてできることに限りがあるなかで、生々しい感情を知ってしまうと歯痒い想いをすることもあります。このような時に人事労務担当者の方が、社内の事情も鑑みて連携が取れたときの安心感、その報告を受けたときの安堵感といったらありません。

さらに、このようなお互いの体験から、メンタルヘルスに関する研修をご提案いただくこともあります。厚生労働省が定めている労働者の心の健康の保持増進のための指針に示されている四つのケア（セルフケア、ラインケア、事業場内産業保健スタッフ等によるケア、事業場外資源に

## Column

よるケア）の二つ、事業場内外の立場でタッグを組んでメンタル不調の予防ができるのも、カウンセラーとして嬉しい連携です。

「目的脳」と「共感脳」という言い方がありますが、人事労務担当者の方々とお話をしているとこの二つが必要なんだなと思うことがあります。なかなか両立が困難で苦悩も多いお仕事かと思いますが、どうぞ社外の専門家を上手に活用していただければと思います。そして、従業員のためだけでなく、ご自身のセルフケアも重要であることは言うまでもありません。

第3章

# 「モヤモヤ」したら、まずは相談してイイ

―一番やっかいなのは「私傷病」だった!―

# ご存知ですか「私傷病」

第2章でも少し触れましたが、みなさんは「私傷病」という言葉をご存知でしたか？改めて一言で私傷病についてお伝えすると、「業務外で発生した怪我や病気」のことになります。会社に向かって家を出発する前、家に帰った後、休日に怪我をしてしまった場合など、仕事とは関係ない病気が「私傷病」にあたります。一般的に、怪我をした、病気になった、というときの認識で結構です。

この聞き慣れない「私傷病」という言葉についてわざわざ説明するのは、この言葉・単語が使われる場面には、特別な意味があるからです。**私傷病は、つまり、会社や業務が原因で発生する労働災害や職業病と区別して表現したいときに、あえて使う言葉**なのです。したがって、多くの人はそのようなケースに遭遇しない限り、この言葉に出合うことはないでしょう。

人事労務担当者であれば、自社の社員を労働者として考えた場合、社員の怪我や病気を会社起因なのか否かを区別するために使っていらっしゃる、もしくは耳にされたことがあるはずです。さて、この3章では、「私傷病」と「こころの病気」のやっかいな関係についてもふれていきます。

## 「モヤモヤ」したら、まずは相談してイイ

あなたは、なんとなくモヤモヤするなぁ、と思った時、誰かに相談しますか？
私は、調子が悪くなった、もしくは調子が悪くなりそうだからといって、直ぐに誰かに相談しようとは思いません。仕事上でも、どうしても相談しなければならない事柄や、相談した方が、さらに評価が上がると思うような場面でなければ、よほどのことがない限り相談しないと思います。いや、これまではしないタイプでした。

考えてみれば、私自身は子どもの頃、誰かに何かを相談をしたという記憶がほとんどありません。皆さんも社会人になるまで、相談するという経験はあまりなかったという方が大半ではないでしょうか。もちろん、親になんでも相談できたという人もいらっしゃるかもしれませんが、カウンセリング文化のない日本では、思っていることを素直に口に出すことができない風潮もあります。私は、両親から何かあっても、「あなたが悪い。愚痴は

言うな」などと言われ、厳しく育てられてきました。我が家に「相談する文化」はありませんでした。

またその後、社会人になっても、私が新卒で入社した時は、就職氷河期で同期の数が極端に少なく、腹を割って話せる同僚はいませんでした。上司も低迷する日本経済の中で、自社の業績不振と管理職削減で余裕がなく、部下の相談をしっかりと聴ける状態ではありませんでした。当時から報連相は大事だと言われましたが、報告と連絡のみで、誰かにじっくり相談するような機会はありませんでした。

ですが、自分がやがて管理職になり、事業責任を負うようになってから、体調を崩していく社員を何人もみて初めて、相談することの大切さを痛感するようになりました。しかし、私自身がこれまで人に相談することなく、いつもモヤモヤを抱え込んできた人間です。ですから、社員が自分から相談してくることを望むのは酷だと理解しています。

でも、今ならハッキリと言えます。本当は、**「モヤモヤ」したら相談してイイんです。いいえ、した方がイイんです。**まずは相談してみること。今、そんな文化の醸成が必要な時代になったのだと思います。個々人が自らの行動を変えることは当然ですが、企業としてもそのような文化を創り、社員が個人として相談できるような環境づくりをサポートするべきだと思います。

では、なぜ、そもそも人は相談しないのでしょうか。私自身の場合を整理してみました。

まず、人に相談すると「その人に嫌な印象を与えてしまうのではないか」「迷惑をかけてしまうのではないか」と考えていたのです。そしてなにより、自分の評価が下がることを心配して相談できなかったことに気付きました。

次に、改めて「自分には相談できる人がいるかな?」と考えてみました。何人かの顔は思い浮かびます。でも、やはり相談できそうにありません。なぜなら、「相談すると、相談相手の貴重な時間を奪ってしまうのではないか」と思ってしまうからです。そして、「興味のないことに付き合わせてしまってよいのだろうか」「相手も忙しいだろうに、予定していることができなくなってしまうんじゃないか」とまで考えるのです。

そんなことを想像するだけで、どんどん落ち着かない気持ちになります。また、前出の評価が下がるというのは、自分の悪い部分を評価者に見せてしまう、と考えているんだと気付きました。結局、自分が傷つくのが嫌なのでしょう。

三つめは、以前は「相談してもどうせ何も解決されないに違いない」と思い込み、「解決されないのであれば、相談する意味がない、なので、相談しない」と考えていたところがあります。問題には何らかの原因があり、その原因が取り除かれない限り解決しない、と思っていたのです。

しかしメンタル不調は、問題が解決することによってだけでなく、不安、苦しみ、辛さの「受け取り方」や「考え方」を変化させることでも改善されるのです。30分程度の相談だけでも、気分が楽になり、明日への活力が湧いてくることがあります。

**「問題の解決に焦点を当てる」だけではなく、「相談すること自体」に効果がある**ことも理解しておく必要があります。以前の私は、「相談とは、誰かからアドバイスをもらって問題を解決すること」だと理解していました。しかし実際は、**不安やストレスを緩和し、メンタル不調に陥るのを防止する作用がある**のです。いわゆる「ガス抜き」に似ているかもしれません。

このように改めて考えていくと、相談できる相手が重要であることにも気付きます。そして、相談できる人も、内容も刻々と変化するということにも思い至ります。

現在、私が相談できる人としてイメージしたのは、両親、友人、経営者である友人、趣味で繋がっている方などです。両親に関しては、時の流れと共に関係性も変化しています。友人については、今ならこの友人、過去はこの友人に相談すべきだっただろう、そして今思い浮かべた友人に将来実際に相談するとは限らないかもしれない、と相手の位置づけは日々変化しそうです。つまり、相談の内容、相談するタイミングに応じ、相談相手を自分で「設定」しているのです。

更に重要だと気付いたのは、自分が誰かから相談を受ける機会があった際は、私がずっと相談しづらいと思っていたときと同様の想いをその人も抱いているであろう、ということです。それを認識した上で寄り添うこと。また、相談してもらえることに感謝し、なぜ自分に相談してくれているのかを理解することで、相談時間がより濃密な良いものになるはずです。

実はこの頃、私は経営上の意思決定で悩んでいる時は、あえて経営に明るくない方に話を聴いてもらうようにしています。当然、経営的なアドバイスは頂けないのですが、ただ話すことで、自分が悩んでいたことに正面から向き合うことができ、精神的に楽になります。

私は、そろそろ、社会全体がこれまで持っていた**「相談に対する意味付け」を考え直し、「相談すること自体に価値がある」と啓蒙すべき**ときが来ていると真剣に思っています。また、人事労務担当者が社員の相談先になることは、非常に光栄なことだとも思うのです。

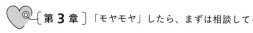

## 「もっと早く相談しておけばよかった」という社員

私がメンタル不調者にインタビューした際、多くの方が「もっと早く相談しておけばよかった」との想いを話してくださいました。そして、どの方にも二つの大きな共通点がありました。

一つめは、**メンタル不調に陥った際、どこからが病気で、どこまでが健康だったのかが分からなかった**という点です。これは先にも述べたところですが、重要な点として挙げたいのは、どこまでを健康な状態として「頑張らなければならなかったのか」と、未だに疑問を持たれている方も多くいらっしゃったという点です。

とくに責任感や達成意欲が強い方ほど、自分自身への対応を後回しにする傾向がありま す。その結果、ちょっとモヤモヤするけれど「まだ大丈夫」「もっとやれる」「頑張りたい」というように、半ば自分を励ますような形で活動を進めてしまうのです。そして、どこかの時点で限界点を超えてしまう。そうなって初めて周囲の人から休養をすすめられたり、自分でも認識できる程の身体反応が現れたりして、やっと医療機関にかかるという選択をされます。そして、医師に病名を告げられてようやく、自分が病気であると認識するのです。

何度も繰り返しますが、**我々は、自分では自分の不調に気付けない**ものなのです。もし、もっと早く誰かに相談できていれば、自他ともに異変に気付き、罹患を防げたかもしれません。

二つめは、**メンタル疾患の「治りにくさ」に罹患して初めて気付く**という点です。メンタル疾患に対する治療は、数日で終わるものではなく、数ヶ月、数年に及びます。また、治療が完了した後も心のどこかにメンタルダウンした際の感覚が残っていて、その感覚と付かず離れず共に過ごしていくことになります。この過程を多くのメンタル不調者が実感として持っています。誰にでもなる可能性がある病気にも関わらず、その実態を十分に理解しておらず、罹患した後に後悔している、そのような心境を吐露されます。

そして、一つめと二つめには、決定的な違いがあります。一つめは「そうなった自分をどこか誇っている」。二つめは「そうなった自分を後悔している」です。インタビュー中、話を伺っていると、一つめは一種の武勇伝を語るような口調で、二つめは誰かを責めるような口調になります。人事労務担当者は、このように、メンタル不調になった社員の心境は変化することを理解しておくべきです。そういったことが、メンタル不調を「私傷病」

であると考える会社と、「会社のせい（労災）」と考える社員という構造に繋がっていきます。そして、当事者がメンタル不調になる過程で、適切な行動を自ら選択するのは難しいでしょう。

この状況を改善するためには、**常日頃から社員へ、働く上での必要なメンタル不調に関する知識をインプットし、啓蒙することが必要**です。

これまで、社員のメンタル不調の多くを「私傷病」と判断してきた結果、その責任が社員にあるとされてきました。このこと自体、事実としては間違いではないのです。しかし、社員のパフォーマンスに影響を与えるメンタル面のサポートがおざなりになってきたのは事実です。限られたリソースで環境の変化に適応しなければならない経営環境ですが、**目標設定や１ｏｎ１、研修など、人事施策を検討するのと並行して、社員のメンタル面への目配りが必要な時代**になっています。

## 「彼氏が浮気しているんです」って上司に言えますか？

メンタル不調になる原因は、必ずしも仕事に関連したことだけではありません。

人事労務担当者の皆さんや職場の上司は、メンタル不調になった社員と会社で顔を合わせ、会社という枠組みの中で関係性を構築しているため、メンタル不調の原因が仕事に関連しているように感じてしまいますが、実はそうとも限らないのです。

例えば、パートナーの浮気で悩んでいたり、介護や金銭関係などの可能性もあります。もしかすると、人事労務担当者の中にも「プライベートな理由であれば、会社で対応する必要がないのでは？」と考える方がいるかもしれません。産業医の先生との面談等を実施すると費用もかかりますから。

しかし、はっきり申し上げます。**仮にメンタル不調の原因がプライベートなものだったとしても、会社として、その社員にきちんと対応する必要**があります。企業には「**安全配慮義務**」があり、社員が安全で健康に仕事ができるように配慮しなければならないからです。

安全配慮義務は、企業が社員や関係者の安全と健康を守ることを義務付けるものです。

この義務は、業務を社員が遂行する際に発生する可能性のある危険やリスクに対処し、労働環境を安全で健康的なものに維持することを意味しています。工場での勤務、交通事故や転落事故が発生する職場などを想像していただくと、安全配慮義務を果たす重要性が理解できると思います。その配慮として、工事現場では注意喚起のために「安全第一」と書かれた看板設置やポスター掲示をしたりするのです。この安全配慮義務とは社員の健康を守ることを謳っています。そのため、**メンタル不調への配慮も義務の範囲内**となります。つまり、メンタル不調になった社員への対応も当然のことながら、その予防にも取り組まなければなりません。

安全配慮義務上の予防活動は、事故や健康リスクが発生する前に、社員への十分な教育とトレーニング、安全な手順の策定と実施、適切な労働環境の整備などになります。**メンタル不調を想定した場合は、事前に相談できること、その仕組みが社内で共有されていることが必須**です。

ですがよく考えてみてください。実際のところ、プライベートな問題を抱えた社員が、その内容を企業、人事労務担当者に相談するでしょうか。

答えは、「しない」でしょう。自分に置き換えた時に、上司に「彼氏が浮気しているんです」と相談できるでしょうか。難しいですよね。ちなみに私も相談はできないでしょう。また、プライベートな問題は、通常相談相手になるべき人との間で発生することが多いため、誰にも相談できず、その発見が遅れたり、治療が長引いたりするケースが多いのです。

人事労務担当者や管理職の中には、プライベートな悩みは個人のプライバシーに該当するので、職場で語るべき問題ではないと考えられる方が多いように思います。これは、会社とプライベートは別ものであるという価値観の現れです。プライベートなことが原因でメンタル不調になった場合は、「私傷病」か「労災」か、と言うと、実際には「私傷病」になるケースがほとんどです。これまでの慣習も加味して、プライベートは社員の個人の問題で、会社の問題ではないと判断している方も多いでしょう。

「私傷病」は、人事労務の方にとって大きな判断基準となる概念です。しかし私は、この概念に基づいて選択されるアクションを変えていく必要があると考えています。**「私傷病」であったとしても、会社組織全体のパフォーマンス低下を考えれば、個人のコンディションを向上させる対応をすべき**です。つまり、「彼氏が浮気をしているんです」という相談に対しても、しっかりと話を聴いてあげるべきなのです。

さらに昨今は、プライベートな内容に対応する中で、自分の対応がハラスメントになる可能性を考えて、ハラスメント対策の観点から敢えて触れないようにしている方が増えています。ですが、**プライベートな悩みからメンタル不調になることを十分に理解しておく必要**があります。

もし、プライベートな相談を受けた場合は、内容が私生活に関することであることをきちんと意識した上で、いつも以上に丁寧に受け止めながら話を聴きましょう。その際は、依存関係に発展しないように一定の距離を保ちながら接することも心がけてください。

依存関係にならないためのポイントとしては、**「聴くだけに徹する」**というスタンスをお勧めします。依存関係は、「頼りたい社員」と「何かをしてあげなければならない、と考える人事労務担当者」の間に発生します。

しかし、「何かをしてあげなければならない」と思ってしまうのは、自分の価値観の確認、押し付け、自分のコントロール下に置きたいという欲求からなのです。社員からの相談に、「あなたはそう思ったのですね（心の中で「私は違うけれど」）」「あなたはこういう気持ちなのですね（心の中では「私はそういう気持ちではないけれど」）」と、**社員の気持ちを理解、寄り添いつつも、ご自身がそのような気持ちにはならないようにすることが重要**です。

例えば、「自分はAという状況ではBという感情が湧く、それはCだからだ。今回は、たまたま、社員が社員の事象としてAという状況を話しているのだ（私がAという状況なのではない)」という具合に、自分の感情を正確に認識することが、相談者に引っ張られることを回避することになります。

## 「相談したら給与が下がるかもしれない……」という恐怖

業種、職種に関わらず、仕事をしている以上、上司への報告や相談はつきものです。ただ、「もしかしたら、これを言ったら評価が下がるんじゃないか?」「スキル不足って思われるんじゃないか」と思った時にも、スムーズに報告や相談ができるでしょうか? 更に言えば、評価が下がり、お給料が下がることが想定されても、報告や相談がすぐできるでしょうか? そんなケースであれば、報告や相談を躊躇してしまうことも理解できます。

この躊躇してしまう状況が、社員にとっては心理的プレッシャーになっています。リスク管理の観点から言えば、**報告できること、相談できることは想定内の事象で、報告できない、相談できないことが、本当に報告、相談すべきこと**なのです。なんらかの理由で報告しにくい、相談しにくい内容に対して、「相談して欲しい上司」と「相談したくない社員」との間にギャップが発生しているのです。余談ですが、私は、不正取引やテスト結果の改竄など不祥事の裏側には、同じようなメカニズムが働いていると考えています。

仮に社員が、上記のような状況でメンタル不調になった場合、本当の理由を打ち明けることができず、社員自らが私傷病であるような理由を挙げて休職、退職していくケースがあります。タイミングよく、不祥事から距離をおける部署に異動することができれば良いのですが、そうでない場合は、本人は精神的に追い込まれ、自ら会社を去ることになるかもしれません。このように、社員がコンプライアンス上、言いづらいことを言わないようにする手段として私傷病が使われることがあるのです。これは「メンタル不調は個人の問題」という、これまでの労使関係の中でつくられた慣習が悪用されているのです。

さて、私自身が会社経営をする日々の中で、評価、報酬を気にして報告、相談できない状況は、今後も発生する可能性が高いと感じています。その背景には、次の二つのことが関連しています。

一つめは、**目標設定に関する影響**です。昨今の経営トレンドでは、社員に力を十分に発揮してもらうために、多くの会社が人材マネジメントに取り組んでいます。等級、報酬、評価などを制度の中核に置き、様々な施策で社員をマネジメントします。その一環として、

ＯＫＲやＭＢＯなどを活用して目標設定がされ、社員と会社（上司）が定期的に、実績と評価の擦り合わせを行っています。適切に運用されれば、社員は自分の目標が会社全体の計画のどの部分に影響を与えていて、今の自分の実績がどのように経営に影響を与えているかを理解することができます。その結果として、自分の行為、実績が評価報酬にどのように反映されるのかを想像しやすくしています。想像しやすくなったと同時に、「これを相談したら評価が下がる」と自分自身が明確に分かるようになっています。

二つめが、日本の労働人口の減少、海外企業の破壊的イノベーション、人口爆発エリアへの投資マネーの流入などから、日本で働く我々にとっては**社員もその上司も、時間的、精神的余裕がない状態が更に深刻になる**ことが予測されます。人事評価は、個人の成長と組織の成長を一致させるためのものです。ですから、良い悪いという評価を明確にすることでお互いの認識を擦り合わせ、次のステップで何をすれば良いのかを合意する機能を果たさなければなりません。そのプロセスの中で、一定の失敗は必ず発生します。その失敗を次に活かし、個人と組織双方が成長する必要があります。この失敗は社員本人の人間性を否定するものではなく、会社全体の戦略実行の中で役割として発生したものです。このような背景を加味しつつ、失敗を次に繋げていくためには、本人と上司との間の擦り合わせに時間が必要なのですが、この**時間を担保することが難しくなっている**のです。

さて、これまであえて、上司に報告、相談する、という文脈でお伝えしてきました。

ここで質問です。上司に相談しにくいと思った社員は、人事労務担当者の方に相談するでしょうか？　上司に相談したら評価が下がるかもしれないから、代わりに人事労務担当者のあなたに相談するでしょうか？　更に、人事労務担当者のあなたは、その相談内容を、相談者の上司に伝えるべきか否かの判断ができるでしょうか？　**人事労務担当者が相談を受けるというのは、社員個人に対応するのと同時に、その相談者が所属する部門の方や事業課題とも向き合うことになる**のです。

## 「何かあったら相談しにきてね」と言われてもできない

人事労務担当者の方であれば「何かあったら相談しにきてね」「何でも相談してね」と社員に言ったことがあるでしょう。その結果、社員は相談しにきてくれているでしょうか？　もしかしたらそれは、相談がないことを前提とした発言になっていないでしょうか。

私は、「相談してね」と言うことについて異議を唱えているのではありません。コミュニケーションの潤滑剤、人事労務担当者の姿勢として、どんどん伝えていくべきです。しかし、忘れてはいけないのが、**「相談してね」と言うことが具体的な社員サポートになっていないこと、そして、相談がないからといって、必ずしも良い状況とは限らない**ということです。

社員は、「何かあったら相談しにきてね」「何でも相談してね」と人事労務担当者の方に言ってもらっても、自身の不調の相談先として人事労務担当者を連想するのはハードルが高いのです。つまり、**相談することがないから相談数が少ないのではなく、相談しにくいから相談数が少ない**のです。

皆さんの会社にはどんな相談窓口がありますか？　メンタル不調を相談する窓口、ハラスメントについて通報する窓口、法律相談など、企業によっては様々な窓口があるはずです。その窓口は利用されているでしょうか。そして、その相談数が少ないことに満足するような意味づけになっていないでしょうか。今は会社の労務対策として、社員に各種窓口の活用を促し、社員の健康管理、生産性向上に取り組む時代です。実際の相談までの導線、実際に使われた社員への承諾のもと、どのような使われ方をされているのかを、社内で共有し、社員が参照できるようにしましょう。その際、その相談内容は重苦しくないものも掲載するようにしましょう。カジュアルなものや些細な内容であっても、相談窓口として利用できることを社員に知ってもらうことで、相談のハードルは格段に低くなります。もし可能であれば、社員向け説明会の実施、入社時オリエンテーション内での告知、福利厚生の一つとしての掲載などを行うことも非常に有効です。

## 安心して相談できる場とは？

ここまで読み進められた方から、「相談できない、相談してもらえない理由や根拠は分かった。で、一体どうすればいいんだ？」という声が聞こえてきそうです。

人事労務担当者の方であれば、「安心して相談できる場」をつくる必要があることは理解していらっしゃるでしょう。オープンスペースでの面談、聴き手であるはずの人事労務担当者からの質問攻め、相談内容を関係者に事実確認するような言動など、NG行動が起こらないような設計もされていると思います。ではここで、もう一歩先のアイデアをお伝えしましょう。

それは、**相談者に「相談の成功体験を提供するように意識する」**です。

私が幼少期、誰かに相談することを促されるような教育を受けた記憶がないことについては先に触れました。これは日本全体の風潮とも言える、と私は思っています。このような状況の中で、相談しやすい環境をつくることや、調子が悪くなる前に相談してもらうことなどは、日本全体で文化を変えていくレベルの話なのです。各社の人事労務担当者の方の行動の積み重ねで、日本の文化を変えていくぐらいのことをしたいと私は考えています。

そう考えた場合、単純に相談を受けやすくする仕組みをつくるという意識ではなく、相談してきた社員に、**相談したことで良い方向に物事が進むようになった、という成功体験を積んでもらうことを意識した場を設計することが望ましい**のです。そのヒントは次の章でお伝えしていきますが、社員自身が相談の成功体験を積むことで、相談することの意義を実感し、必要に応じて再度相談する。その好循環をつくるのです。そして、「相談の成功体験」とは、私自身が相談しようとしたときに感じた「人に迷惑をかけてはいけない」「相談しても問題が解決しない」という感覚を取り除く体験だと考えています。対応方法については、カウンセリングやセラピー、聴く技術など、巷では様々な概念が溢れています。可能なら、専門的な対応で社員をサポートできれば良いのですが、現実問題として、民間企業の人事労務担当者の立場で専門的な対応は難しいでしょう。ですが、**相談すること自体を大切にする対応はできるはず**です。

念頭に置くべきは、社員の相談は多岐に渡ること、社員は話を聴いてもらうだけでも気持ちが楽になること、聴くことに慣れていない人事労務担当者の目指すべき対応、相談回数を限定しないことによる心理的安全性。そのようなことを考慮した上で、相談窓口の設計や相談対応を行うことで、相談数が増え、相談時間の質が変わっていきます。またそれを体験することで、社員の相談に対する姿勢が変化します。さらに、根気強く相談対応を続けることで、**相談という行為自体が自分を支えるツールに変わっていきます**。

社員が相談できないと感じるのは、社会全体の問題です。その問題に対して、人事労務の立場から、相談の成功体験を提供することで、日本の新しい自己成長の文化を醸成していけると私は真剣に考えています。

COLUMN

# 人事労務担当者が知っておくべき産業医と開業医の違い

Smart相談室　医師相談担当医
Doctor's Fitness診療所
**宮脇大**

## 産業医になるには

産業医になるための要件としては、医師免許を有する医師であることに加え、労働者の健康管理等を行うのに必要な医学に関する知識について厚生労働省令で定める要件を備えたものでならない、と労働安全衛生法に定められています。

ここで定められている要件とは、主に日本医師会の産業医学基礎研修、あるいは産業医科大学の産業医学基本講座の修了となります。この研修、講座は60分1単位とした研修であり、座学だけではなく、実地研修も含まれ、計50単位の取得が必要となります。その他、産業医科大学の卒業生は、正規のカリキュラムの中に産業医となる所定の要件を満たしているため、卒業し医師免許を取得した段階で産業医としての資格が得られます。つまり、社会で活躍されている産業医の多くは、上記研修等を受けた医師か、産業医科大学の卒業生といえます。

〈開業医との違い〉

開業医となるための要件は、医師免許を有していることのみです。この点でも産業医とは大きく異なります。

## 産業医の働き方

産業医とは、産業医資格を持った上で、事業場において労働者が健康で快適な作業環境のもとで仕事が行えるよう、専門的な立場から指導・助言を行う医師となります。

ご存知の通り、労働安全衛生法では、常時50名以上の労働者を使用する事業場において、事業者に産業医の選任を義務付けており、1000名以上または有害業務に500名以上の労働者が従事する事業場では、事業場に専属の産業医が選任されることになっています。

専属の産業医は、事業場に専属した雇用形態となるため、企業に専属した勤務となり、一方、専属の産業医が必要でない場合には、非常勤の嘱託産業医として、月1回以上の訪問を基本とし

[Column]

た勤務を実施する場合が一般的です。

非常勤の嘱託産業医の場合、主たる勤務先を持っている場合が多く、病院での勤務医として働く、あるいは、開業医として自身が経営する診療所で働いています。

実際、産業医需要供給実態調査事業報告書Ⅱ（平成30年度・令和元年度地域調査報告）において、産業医として勤務する医師の約半数は月1～3日産業医活動に従事し、28％が月4～7日従事しているという結果が得られています。

〈開業医との違い〉

開業医は自身の経営する診療所にて、多くの場合、管理医師という立場で地域住民や一般の患者に対して医療サービスを提供します。また、医師法において、「診療に従事する医師は診察診療の求めがあった場合には、正当な事由がなければ、これを拒んではならない」といった医師の応召義務が存在しています。

## 産業医の専門性

多くの産業医は、非常勤の嘱託産業医として産業医活動を行っている。つまり、産業医活動を行っている以外は、それぞれの専門性に基づいて医師としての仕事を行っています。その専門性としては、内科・総合診療科・訪問診療に携わる医師が最も多く、続いて精神科・心療内科、そして外科、循環器内科、整形外科と続きます。実際、産業医としての業務内容を考えた場合、内科や精神科・心療内科の専門性を持った医師は、産業医活動に従事しやすいと考えられています。

〈開業医との違い〉

開業医には、それぞれが持つ専門性があります。「○○循環器内科」「○○医院　内科・循環器内科」といった形で、その医療機関が専門とする分野を患者さんに伝えるために、看板やホームページなどに掲げる診療科名を標榜科目といいます。麻酔科を除く診療科名は医師の専門性にかかわらず、ルールを守れば自由に掲げてもよいことになっています。

## 産業医の仕事と役割

産業医としての仕事と役割は、企業活動に存在する働く人の健康に関するニーズ全般に対して、医学を背景として職場や働く人の健康面からアプローチすることであり、そのようなニーズは、企業の業種、時代によって変化するため、現実的には非常に幅広い活動内容が求められています。

主な業務は下記の通りです。

・職場巡視

産業医は、毎月1回以上、職場を巡視することが求められています。労働者の実際に働く状

Column

況を理解することは産業医として適切なアドバイスを行うための基本となります。また、労働者の健康を保持するために改善が必要な環境や作業があれば、その指導もあわせて行います。

・作業環境のよる健康リスクの評価と改善

事業場の業種によっては、化学物質等の有害性に関する情報と、実際の作業環境や労働者の暴露の状況を総合的に判断し、健康障害が発生するリスクを評価する必要があります。事務作業の多い事業場においても、VDT（Visual Display Terminal）症候群といった、長時間のパソコン業務に伴う身体の不調に対してリスクを評価し、改善する必要があります。

・健康教育・労働衛生教育

事業場の業種等により、有害物質による健康障害の防止から生活習慣の改善、メンタル不調など、様々なテーマに対して職場にて集団教育を行います。

・衛生委員会への参加

労働者の健康に関する事項を審議する場として各事業場に衛生委員会が設置されており、産業医は衛生委員会の正式メンバーとして参加し、職場の安全衛生体制の構築に参画します。

・健康診断と事後措置

全ての労働者は、毎年1回以上の健康診断を受診し、その結果に基づき、生活習慣の改善指導や受診勧奨、健康状態に応じて本人と職場に対して働き方の改善を助言するなどします。

〈開業医との違い〉

開業医は地域の住民や一般の患者に対して医療サービスを提供します。医師の専門性に応じた診療、予防医療、慢性疾患の管理など、そのサービスは広範囲に渡ります。

## 産業医の独立性・中立性

「産業医は、労働者の健康管理等を行うのに必要な医学に関する知識に基づいて、誠実にその職務を行わなければならない」とされています。これは産業医が産業医学の専門的立場から、独立性・中立性をもって職務を行うことが必要であるためです。労働者と使用者との間に入って、業務を行うことも多く、どちらの意見にも耳を傾け、偏った意見とならないように、あくまで産業医学に基づいて判断することが重要です。このため、産業医は、労働者の健康管理等を行うために必要な医学に関する知識・能力の維持向上に努めなければなりません。また、産業医の報酬は使用者である企業により支払われます。

産業医の身分の安定性を担保し、その職務の遂行の独立性・中立性を高める観点から、事業者は産業医が辞任したとき又は産業医を解任したときは、遅滞なくその旨・その理由を衛生委員会又は安全衛生委員会（衛生委員会等）に報告しなければならないとされています。

〈開業医との違い〉

多くの場合、開業医は保険医療を行いますので、産業医とは異なり、保険医としての責務が存在します。保険診療は健康保険法等の保険者と保険医療機関との間の「公法上の契約」に基づいています。開業医が保険診療を行い、診療報酬を得るためには、保険医が保険医療機関において、健康保険法・医師法・医療法・薬事法等の各種関係法令の規定を遵守し、「保険医療機関及び保険医療用担当規則」の規定を遵守し、医学的に妥当適切な医療を行い、診療報酬点数表に定められた通りに請求を行っていることが求められています。

# 第4章

# メンタル不調は誰にでも起こる

## ―大きな挫折と成長の機会―

## 絵に描いたような猛烈社員だった私

私は社会人になってから約20年間、仕事人間として生きてきました。多くの時間を仕事に費やし、やりがいを強く感じています。新卒の頃に得た、自分の思考や行動が形になり、クライアントに価値を提供できた時の感動、社会を良くしていることへの満足感が今でも続いています。最近はあまり耳にしなくなりましたが、昭和の時代を引きずっている人間かもしれません。

こんな私ですが、実は体調を崩し、メンタル不調になったことがあります。まさか、自分が不調になるなんて思ってもみなかったので、かなり動揺しました。また、体調を崩したのが事業責任者として組織を拡大しているタイミングでしたので、個人として、組織をマネジメントする責任者として、両者の立場において深く考える機会となり、人生の大転換点となった出来事でした。

私が新卒で就職したのは、マスコミ業界です。媒体社の広告営業としてセールスを行っていました。バブルは弾けていましたが、その他の業界と比較するとまだまだ活気がある状態でしたし、自分の性格が広告営業の仕事にマッチしていると感じており、辛さよりも楽しさが断然上回る日々でした。さらに営業のプレーヤーとして成長し、その分野で成果を残して行くのだろうと当たり前のように考えていました。

そんな時、当時の上司の勧めもあり、大学院へ進学することになります。環境が大きく変わることになりましたが、新たな生活も実に楽しいものでした。大学院では、経営全般のことを学問として学びます。学びは、理論と実践を行き来する形で進み、書籍から理論を習得する際は、これまで知らない概念が沢山出てきて、それが経営に紐づいていることを知りワクワクしました。実践の部分では、ケーススタディスカッションを行うのですが、業界や業種の違う仲間とディスカッションを行うと、これまで自分が持っていた視点が単眼的なものであることを痛烈に学びました。大学院での学びは、経営者となった今、私に大変大きな影響を与えています。

## 一緒に働いていた社員が突然メンタル不調に

その後、私は、事業全体をマネジメントする仕事に就きました。市場のニーズを発見し、ゼロから事業を立ち上げて、拡大させていく仕事がこれまでになくエキサイティングで、更に仕事にのめり込んでいきます。

市況の変化も追い風になり、事業を拡大させていくことに成功しました。大学院で学んだことを実務で使いながら、これまで培った営業スキルが私の武器でした。基本的なビジネスモデルが確定し、組織拡大に差し掛かった時、これまでに体験したことがない事態が発生しました。

直近まで一緒に元気よくクライアントワークをしていた社員が、突然メンタル不調になり、休むようになったのです。スタートアップのフェーズにおいて、組織管理の難しさを知識としては知っていましたが、前触れもなく一緒に働いていた社員が、しかも急にメンタル不調になったことに私はショックを受けました。事業の成長は、一緒に働く社員がいて初めて実現できます。機会コストを含めた損失についてもですが、一緒に働いていた仲間がいなくなることによる組織への影響は、それ以上に深刻です。

社員がメンタル不調になる前に、私に対処することはできなかったのか。そのようなことが起きないための仕組みはないのか、どうすればよかったのかと考え続けました。この出来事が私にとって、大きな挫折と成長の機会となっていきます。

## 鋼のメンタル、メンタル不調になる

一緒に働いていた社員が突然メンタル不調になり、組織運営の難しさを経験したと同時に、私自身もメンタル不調になります。

私は、自分で、自分は鋼のメンタルだと自負していました。幼少期から競泳をし、大学受験で挫折を味わいながらも、新卒からの激務、大学院でのハードワークとなんでも乗り越えられると思っていたのです。その私が、なぜメンタル不調になるのか分からずにいました。

特別にストレスがかかっているとも思っていなかったので、その時の感情は、辛さよりも驚きに似たものでした。更に私は、その状況を受け入れることができず、抗い、事態を悪化させることになりました。

**メンタル不調は誰にでもなる可能性がある、自分がメンタル不調になるタイミングを知ることは難しい**、と我が身を持って体験しました。今でこそ、その事実を分析し、理解していますが、当時の私は自分ごととしては全く理解していませんでした。メンタル不調になったことがない方の多くは、おそらく、当時の私と同じ程度の理解レベルなのではないかと思います。

私がメンタル不調に気付いたのは、夜、寝られなくなったことからでした。夜遅くまで仕事をしてベッドに入るのですが、気が付くと、まだ暗い早朝に目が覚めます。

全く寝られないわけではなく、ある程度は眠れるのですが、その短さ、睡眠の浅さは異常でした。イライラすることも増えました。そんな自分を受け入れることができず、更に仕事にのめり込んでいったのです。

その時、たまたま受診した健康診断で高血圧の診断が下ります。これはまずいと、嫌々ながらも当時の会社仲間と共に筋トレとランニングを始めました。あの時、筋トレとランニングを始めていなかったら、私は重症になるまで仕事をやり続けていたはずです。

たまたまではあるものの、身体を鍛える機会を得たことは、今振り返ると、私にとっての命綱でした。筋トレとランニングを始めてから、夜眠くなることが増えてきました。その後、気が付けば、清々しい気持ちで仕事に打ち込めるようになっていたのです。それまでの自分はメンタル不調だったのだと、そのときに気付いた、きちんと認識した、というのが正直なところです。その後も、私は筋トレとランニングを続けています。そして今では筋トレが趣味になり、趣味が講じて、ボディーメイクのコンテストに参加するほどにまでなりました。

**誰でもメンタル不調になる可能性があります。意識高くビジネスパーソンとしてバリバリやっていると自負していても、「自分は、大丈夫なのだ」と決して思わないこと**です。

COLUMN

# 糖分不足？

眠れない夜を乗り越えた私ですが、ボディーメイクのコンテストに参加した際、その準備段階で何度か、眠れない夜が再発しました。

メンタル不調だった頃の感覚と似ているようでちょっとドキドキしましたが、そこからメンタル不調になることはありませんでした。これは、糖分不足によるものだったのだと後になって知りました。ランチの後にお腹がいっぱいで睡魔に襲われる経験は、ほとんどの方があるでしょう。それは、食事を摂ったことで血糖値が上昇するからです。逆に、糖質が足りてない状態だと、低血糖の状態になり、眠くならない、要は眠れなくなります。

私は、ボディーメイクのコンテスト前、筋肉の筋が見えるように糖質を制限することで贅肉を落としていました。それが影響して眠れなかったのです。日常生活の中でも、ある程度、空腹の方が頭が冴えるという方もおられますが、糖質は体にとって重要なエネルギーです。脳の働きには不可欠ですし、糖分不足は不眠を招くことを学びました。健康のためには、しっかり食べて、しっかり寝る、と言われることには合理性がありそうです。

今は、飽食と運動不足がセットの時代ですので、適切に食べ、適切に寝る、を心がけましょう。余談になりますが、ダイエットを検討されている方には、緩やかな摂取カロリーのコントロールと血糖値の急上昇を防ぐ食材の摂取をお勧めします。摂取カロリーが消費カロリーを下回っていると必ず脂肪が燃焼されますし、血糖値のコントロールができれば、太りにくい体がつくれます。

## 社員として、事業責任者として

私は、一社員としての立場、そして事業責任者の立場として、メンタル不調の辛さを体験しました。メンタル不調は個人にとっても、組織にとっても、百害あって一利ありません。

この経験から私は、**「個人である社員は、誰でもメンタル不調になる可能性がある。であるならば、組織運営上、組織が社員をメンタル不調になることを防止することで、事業上のリスクを減らせる」**と考えました。

そう考えた時に、事業責任者が一番困るのは、個人が自分で不調に気付けず、ある日突然、メンタル不調を訴えて業務を離脱することです。どうすれば、メンタル不調に気付くことができ、メンタル不調になる前にサポートできるのか。事業責任者としては、それが肝です。

また、社員として考えた場合は、自分が不調であるか否かと不安に思った際に、現実を受け入れて自分にブレーキを掛けられるかが肝です。

この二つの肝がうまく連動しながら機能すれば、会社組織におけるメンタル不調を防げます。メンタル不調になった経験のある事業責任者だからこそできること、創れる事業があると確信しています。

## モヤモヤの正体とは

私の周りの身近な人に尋ねても、多くの人がモヤモヤを抱え、経験しています。さて、そもそもこのモヤモヤとは何なのでしょうか。

私は、このモヤモヤは**「自分の価値観や認識」と「当該の事象」とのズレから発生する「違和感という感情」**だと考えています。

例えば、「ホテルの朝食は当然ビュッフェだと思っていたけど、定食メニューからの選択だった」「室内では上着を脱いで欲しいのに脱がない」というようなモヤモヤは、「朝食は当然ビュッフェでしょう」や「室内なので上着を脱ぐのが当たり前でしょう」という自分の中にある価値観や認識と事象との間の差がモヤモヤを発生させています。

ですから、モヤモヤを解消するためには、何らかの基準と自分の間にある「差」にアプローチして、**「差をなくす」**か**「差があっても納得する」のどちらかを選択する**ことになります。

ここで、一つ確認なのですが、差をなくすことができれば、モヤモヤすることはないのです。ですから、積極的に検討しなければならないのは「差があっても納得する」方法です。

「差があっても納得する」ためには、まず、その**「差」そのものを把握**しましょう。多くのケースでは、この差の正体が分かっていません。今、私は何にモヤモヤしているのか。何が原因なのかと考えることはありませんか。この時点では、差が分かっていないのです。

具体例をもとに考えてみましょう。コンビニエンスストアの店員さんとのやり取りでモヤモヤしたとします。表情、声のトーン、言葉尻、お釣りの渡し方、スナックの包み方など、どの部分に引っ掛かっているのか思い出してみてください。そしてその部分について、自分が当然だと考えているものを明確にしてください。自分がこうあるべきだと考えているものが自分の価値観で、その価値観と実際の店員さんの所作の差を言語化してみましょう。

**言語化することで「差」が理解でき、同様の差が発生した際に「自分がモヤモヤするパターン」に気付く**ことができます。この段階では、そのパターンを知ることが大切です、

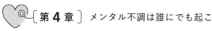

モヤモヤの大きさや価値観自体にフォーカスせず、まずは、どんどん言語化することに集中してみてください。

## 「価値観や認識」と「事象」との差は個性です

自分がモヤモヤするパターンに気付き、言語化できるようになってきたら、「差があっても納得する」方法について目を向けていきましょう。その方法として、二つの方向性から考え方を見出します。

まず、**言語化した内容について、それぞれの「差」の大きさを10段階評価**してみてください。これは感覚で良いです。「10」は何があっても譲れなく、自ら身を乗り出して相手や事象を直接的に変更したい程の「差」と仮定してください。そうすると、必ずしも全てが「10」ではないはずです。そして、3以下は無視しましょう。3以下にモヤモヤするよりも、無視して他のことに自分のエネルギーを使う方が有効です。4以下や5以下をも無視できるのであれば、それに越したことはありません。3以下を無視できるようになってきたら、10などの数字が大きいものについて検証しましょう。10の「どうしても譲れないもの」の基準となっている価値観や認識は、どのようなものでしょうか。

例えば先ほどのコンビニエンスストアの店員さんのケースで、お釣りで戻ってきた「紙幣の向きがバラバラだった」ことにモヤモヤしている、としましょう。これは、お釣りとして戻ってくる紙幣の向きは揃っているべきだ、というあなたの**「べき思考」**が働いています。

この「べき思考」なるものを探してみましょう。それは、多くの場合が何らかの生育歴や経験によって知らず知らずにつくられてきたものです。自分の価値観や認識がどのようにつくられているのか。それは、今、自分のエネルギーを割いてモヤモヤに対処するほどのものなのか。天秤にかけてみてください。「10」に近い「7～9」の中にも、そんなことにモヤモヤしてもエネルギーが勿体無い、放っておこう、と思えるものがあるはずです。

次に、**言語化した内容を自分の人生の目的に照らし合わせ、それが自分にとって本当に大きな事象なのかを確認**してみてください。いきなり、人生の目的、などと大それたことを言われても困惑するかもしれません。肩の力を抜いて、自分の好きなこと、将来やりたいことなどを想像してみてください。そして、その目的を達成するために、モヤモヤに対応する必要があるか考えてみましょう。どうでしょうか。もし、対応する必要があると判断したのであれば、精一杯対応するべきだと思います。そのような時は、モヤモヤしているのではなく、自分の人生にチャレンジしている、と考えましょう。そうすることでモヤモヤの捉え方が変わります。

最後になりますが、ここまで話してきた「自分の中にある価値観や認識と事象との間の差」は、ご自身の人生をかたどる上で大きな影響を与えています。また、ご自身の意思決定の基準となっているもので、十人十色な個性をつくり出している源です。つまり、それこそが個性です。一方的になにかを否定し、悪い物と考えず、そのずれと付かず離れず付き合っていけば良いのです。それでも「自分の中にある価値観や認識と事象との間の差」にモヤモヤしてしまう時は、それを個性と考えた上で名前をつけてあげてください。心の中で見たままの自由な名前で大丈夫です。私は「赤いヤスオちゃん」という名前をつけています。その名前をつけた個性に寄り添ってあげてください。たまに会話しながら、「そっか、そっか、そんなこともあるよね」と話を聴いてあげてください。それだけで心が休まるはずです。

また、ここで取り上げた名前をつける個性は、一つだけではありません。様々な個性が集まって我々の人格を形成しています。イメージとしては、幾つものボールが溶け合うのではなく、くっつきあって大きな七色の塊になっています。それぞれの場面で、別々のボールが現れて対応している、そのように考えてください。そう考えると、意見が変わってもいい、受け入れられない個性も中にはある、好きな個性にいつも出てきて欲しいなぁ、そんな風に思えてきませんか。

## 安易に会社を辞めるより、すべきこと

モヤモヤの構造と対処方法についてお伝えしました。その上で、やはり、そのモヤモヤに気付くことの難しさについて、今一度、考えてみましょう。

何年も浪人して難関大学に入ろうとする。難関資格に何年もチャレンジする。できると思って入社した企業で求められることができない。成果が出るまで頑張り続ける。……このように肯定的に物事を捉えて前に進もうとしている時は、自分のモヤモヤに気付けない、もしくはうすうす気付いているけど、見て見ぬふりをしていることが多いかもしれません。なんとなく、あれっ？　と思ったときは、誰かに話をしてみましょう。話すことで精神的に楽になるのは当然ですが、会話の中でこれまでになかった視点に気付くこともあります。話した結果、やっぱりチャレンジし続けるのであれば、それで結構です。なるべ

く定期的に話をして自分の気持ちを確かめてください。

この本の読者の中には、会社にお勤めの方が多いと思います。自分でできると思って入社したのに、求められることができず、**成果が出るまで頑張り続けている状況のときは、まず、自分を褒めてあげましょう。あなたは頑張っているのです。**

次に、**頑張っていることと、成果が出ることは違う**ことを分かっておきましょう。会社は成果が出ることを評価し、成果が出ないことは評価しません。ですから、成果が出ず、会社から評価されなくても、自分が頑張ったことに対して、自分を褒めるのです。

成果が出ないと評価も良くないので、会社を辞めたくなることがあるかも知れません。しかし、成果だけで辞職を決断してしまうと、辞職後に他の仕事をしても同じ状態になる可能性があります。成果だけを見るのは止めましょう。成果は同じような業種、業界においては、再現性が高いと考えましょう。

そうなのであれば、**成果を上げるために、自分のやり方を見直したり、スキルを磨いたりする方が先ですし、有効**です。そのために、一旦、役職や等級を下る必要があったとしても、今ある自分の実力で貢献しながら、再度、上位役職、等級を目指すことをお勧めします。

中期的に見た時には、身につけてきた実力こそが自分を支えてくれるからです。

COLUMN

# コーチングの基本 ちょっとしたコツと注意点について

Ｓｍａｒｔ相談室カウンセラー
Co-Creation Laboratory価値共創研究所 代表
**小西宏明**

読者の皆さんは、２０１２年Ｇｏｏｇｌｅ社が調査を行った「プロジェクト・アリストテレス」をご存知でしょうか？

「心理的安全性が高まると、チームのパフォーマンスが向上する」という研究結果が出て、瞬く間にその情報は社会に広がりました。

ただ、依然としてＳｍａｒｔ相談室をご利用いただいている相談者様からは、「四半期の売り上げが思うよりも伸びなかった」「トラブルを起こしてしまい、昇進のチャンスを失ってしまった」「上司や部下との人間関係がうまくいかない」などのご相談内容が多くあり、仕事上での『挫折』を感じ、なかなか職場での心理的安全な環境づくりが進んでいないように感じています。

また、かつての終身雇用・年功序列という制度では、キャリア発達は企業が決めてくれるともいえ、企業の要請に従って仕事をしていれば、定年までの雇用と生活に見合った賃金、昇進、昇格が保証されていました。周囲の様々な先輩社員を見ていれば、「あんな先輩のようになりたいな～」というキャリアにおけるお手本のような存在が身近にいて、ロールモデルとなって、おおよそ自分のキャリアもなんとなく見えてくるという、キャリアに対する安心感があったそうです。

ところが、1990年代初めのバブル崩壊以降、不況の波が押し寄せると、企業は人員配置を適正化する動きを見せ、それが「リストラ」という名での事実上の解雇が横行し、働く従業員と企業との心理的契約の関係性は崩壊したと言われています。

『安心して働く』ということは、外部環境に大きく起因する業績の「結果」や今の自分ではコントロールしきれなかった「失敗」、社内コミュニケーションの「質」といった働く環境上のことだけではなく、100年時代を生きるための「将来性」を感じ、「ここで成長できているかどうか？」といった部分も、働く人のキャリア形成も踏まえて得られる安心感も重要な視点になってきました。

そんな「心理的安全性」と「キャリアに関する安全性」を高められる手段として、昨今、マネージャーやリーダーが養う重要性が高まってきたスキルとして、「コーチングスキル」が注目を集めています。

将来設計・キャリア開発・能力開発、育成・思考やタスクの整理等、コーチングがもたらす効果は様々な領域で期待を寄せられ、マネージャーの役割として、不確かな時代にメンバーのエンゲージメントを高め、高い生産性を維持する重要性が高まっています。

私は企業研修の講師もしているのですが、管理職向け研修カリキュラムにも「コーチングを入れてほしい」といったお声を最近、実に多くいただいており、企業のニーズの高まりを実感しています。

ここから、読者の皆さんが「コーチング」を職場で実践するにあたってのコツや心構え、注意点について書いてみます。

企業研修の中で、「いつの間にかティーチングになってしまいます」や「何をコーチングしているか分からなくなってきます」といったご相談をたびたび受けます。確かに、マネジメント層やリーダー層の多くの方々は、自分がそんな指導を受けていませんよね。上司から部下に「こうやるんだよ」といった一方通行がほとんどで育ってきた背景があります。また、「褒めて育てる」必要性も強く感じていて、「最近の人は、褒めなきゃいけない！」と、褒める意識を強く持ちすぎて、「接し方が分からなくなってしまった」という声も聴きます。

## コーチングの基本

まず、「コーチングの三原則」という前提があります。

①インタラクティブ（双方向）

②オンゴーイング（現在進行形）
③テーラーメード（個別対応）

常にこの三つの原則を念頭において下さい。

次に、コーチングを行うスタンスとして、①上司・先輩など、上下関係ではない「対等な立場」をとっていること　②相手と一緒に目標を設定し、共に目標に向かう　③常にあたたかい心で関心を持ち、見守り、成長を願う　というスタンスを忘れないようにしましょう。

## コーチングのちょっとしたコツと注意点

会社でコーチングをする際のコツはズバリ1点！「一緒に始める」です。

上司や先輩のキャラクターが急に変貌するのは、部下・後輩にとっても違和感があり、戸惑いを生んでしまいます。そこで、「前提条件」を整えるのです。

一緒に始めるきっかけは、「研修で学んだから」や「勉強会でやってみようと思ったから」と、上司・先輩であるあなたが主体的に自ら取り組む姿勢を示します。決して、「会社にやれと言われたから」とは言わないでくださいね。

チームの全体ミーティングで、「働く上で、みんなの心理的安全やキャリアに関する安全を感じて欲しい。だから取り組みたいと思っていますが、どう思いますか？」などと、尋ねてみてください。

様々な意見を言ってもらうことが大切です。（むしろそこからコーチングは始まっています）相手と双方向に個別対応をするのは、チームであっても同じです。ポジティブな意見だけではなく、時には「なんで急にそんなこと言うんですか?」「理解しにくいです」といったネガティブな反応もあるかもしれません。

決して「決まったことだから〜」や「私が言っているのだから〜」と一方的にならずに、時間をかけて取り組んでください。骨の折れる取り組みだと思います。しかし、コーチは決して押し付けてはいけないのです（身の危険や犯罪を止めないといけない！　と思った時などは別ですが）。

## 『答えの無い時代』

いつ、どこで、何が起こるか分からない「不確かな時代」と言われる時代になりました。

かつての上司は経験や時代背景から、「これをやれば良い」という答えを持っていました。

今や「One Team」を目指す時代。今日配属された方のアイデアや助言が、チームを良い方向に運ぶこともあります。コーチングという関わりが、誰もが主体的になって、チームを運営し、それによってステークホルダーから選ばれ、みんなで成長できる。大袈裟かもしれませんが、私は、コーチングがそんな可能性を秘めたスキルだと思っています。

# 第5章

# 人の数だけ相談がある＋カウンセラー問題

―Smart相談室を開設して分かったこと―

## 事業責任者の立場から見た社員の心

ここまで読んでいただく中で、相談することの重要性、相談できない背景をご理解いただけたのではないでしょうか。私は自分自身の体験に加え、10年以上、事業責任者の立場で社員をマネジメントする中、社員が相談できないことによる価値の棄損を強く感じていました。その影響は、体調不良によるものだけではありません。ボタンの掛け違いによる退職、新しいアイデアの創出を逸する経験もしました。事業を統括する立場であればなおさら、視野・視座・視点の違いから社員の心を十分に把握できない可能性があることを痛感しています。

そこで私は、そのような状況を解決するためのソリューションがないか、様々なサービスを調べました。産業医と契約する、ストレスチェックをする、各種サーベイなど多くのサービスを確認しましたが、調子が悪くなった社員のスクリーニング、調子が悪くなった社員への対応を行うサービスばかりで、調子が悪くなる前に対応し、不調になるのを防ぐサービスはありませんでした。

そして、自ら、そのサービスを提供する側としてチャレンジしたい、と考えてつくったのが「Ｓｍａｒｔ相談室」（２０２1年2月創業）です。「Ｓｍａｒｔ相談室」はいわゆる「社外相談窓口サービス」です。企業の人事・労務部門が法人として契約し、その企業の社員が活用します。ビジネスモデルでいうとＢtoＢtoＥと言われるモデルです。

Ｓｍａｒｔ相談室は、まずは相談してもらうことに重点を置いています。そのため「何でも相談してイイ」「調子が悪くなくても相談してイイ」というコンセプトのもとに展開。月に１３００社を超える企業からの問い合わせがあり、Ｓｍａｒｔ相談室を導入した企業の社員の方々からは、毎日のように相談予約が入ります。現在、利用している社員数は7万人に上り、利用率の高い企業では全社員の20％が活用しています。実施されるセッションには２００名を越えるカウンセラー、プロコーチ、キャリアコンサルタント、医師が対応しています。今日、この瞬間にも、企業から問い合わせが入り、利用が開始され、多くの社員が相談申込みをしています。その勢いに、私は新しい世代のメンタルヘルスサービスが広まり、日本における「相談する文化」が醸成されつつあるような新しい息吹を感じています。

ここからは、Ｓｍａｒｔ相談室を開設して分かった、重要な気付きを皆さんに共有していきます。

## 「お皿洗い」から「資金調達」まで、相談内容がバラバラ

実際、Ｓｍａｒｔ相談室をリリースして驚いたのは、寄せられる相談内容の幅広さです。ある方は、自分が思うように仕事のパフォーマンスを上げられず、評価が下がってショックを受けていました。怒っている訳でもなく、評価に不満がある訳でもありませんでしたが、その話を上司や人事には言いにくい様子です。

また、「パフォーマンスが上がらない」という話を展開される中で、「もうちょっと仕事に時間を割くことができたら、立て直せるんだけど」とおっしゃったので、「15分間でも残業すれば良いのでは？」とお尋ねしたところ、「同居されているパートナーの方が、お皿洗いをしてくれない」とポツリと口にされました。その方は、急に恥ずかしそうな表情になり、次第に顔が暗くなりました。

ここから、この方との本格的なセッションが始まりました。「仕事のパフォーマンスの話」として相談を伺い始めましたが、本当は、「パートナーの方との役割分担、もしくは、その話ができない関係性」が本質的なトピックスだったのです。また、「そんなことは上

司や人事には言えない。言ったとしてもどうすることもできないだろうし、逆に迷惑をかけるかもしれない。ましてやパートナーには言えない」ともおっしゃいました。「何でも相談してイイよ」とは言っても、相談のハードルは実に高いのです。

また、こんな方もおられました。「資金調達のことで悩んでいる……」。ドキっ。なんだか、大変そう、専門的で難しそうです。その方は、実際に所属されている企業の資金調達のことで悩んでおられました。この方の相談に対応したのは、経営経験も財務の経験もないカウンセラーでした。相談者の方がしっかりとした口調で、ご自身の状況、お気持ちを話され、時折、手元の水を口にされながら、相談時間のほとんどをその方が話す、という状況でセッションを終えました。

するとその方は、終わり際になんと、「すっきりした!!」と驚くほど大きな声でおっしゃったのです。対応したカウンセラーは、実は専門的な内容、専門用語を全く理解できなかったそうです。しかしながら、その方の表情、気持ちの浮き沈み、ご本人の気持ちと向き合っているのか否かなどを理解しようとし、終始寄り添うことに注力。今となっては、この方がどれほど悩んでいらしたのかは分かりません。ただ、上司や人事には言えない、言ったとしてもどうすることもできない、逆に言うこと自体が迷惑をかけるかもしれない、と思って相談に来られたのだと思います。お立場的にも、社内で話せないことなのだと理解できます。

ここに挙げたのは限られた事例ですが、その他にも、会社での人間関係、子どもの教育方針、家族の介護、資産運用、健康問題、など多岐にわたる相談申込をいただいています。読者の皆さんの中には「そんなことぐらい自分で解決しろよ」「そんな些細なことで悩むなんて、逆に幸せだよ」とお感じになる方もいるかもしれません。しかし、それぞれのモヤモヤや悩みに、優劣や大小などないことを日々感じています。

## 「その相談は受けられません」って言ってしまうカウンセラー

トレーニングを積み、支援の資格を持ったプロのカウンセラーの方でも、「その相談は受けられません」と言って、内容や状況によっては相談を断ってしまうケースがあります。それは、ある意味、プロ意識の現れかもしれません。しかし、職場で相談を受ける人事労務担当者の方が「その相談は受けられません」と言い切ることは非常に難しいものです。カウンセラーでも断ってしまうことがあるのに、人事労務担当者の方が真摯に対応している時点ですでに立派です。特に、人事・労務部門への相談内容は多岐にわたることを加味すると、相談窓口担当の方は、まず、自分を褒めてあげてください。

相談者からすると、どんな内容の相談でも断られることなく、対応してくれる人事労務担当の方に安心感を持ちます。みなさんもそれをあるべき姿として、できる限り対応されていることでしょう。ですが、人事労務担当の方は本来、話を聴く専門家ではありません。昨今は産業カウンセラーや国家資格キャリアコンサルタントの資格を取得されて、積極的に話を聴くスキルを向上させている方もおられますが、一般的には、まだまだ相談対応に不慣れな方も数多くいるのではと推察します。聴くことはコミュニケーションスキルの一種ですが、慣れていないと不安な部分もあるはずです。ここでは、聴くことに不慣れな方に、はじめの一歩となるアイデアをお伝えします。

まず、**積極的に聴く姿勢を持ち、それを相談者に示しましょう**。具体的にお伝えすると、相談者の方に体を向け、相談者の目を見て話を聴きましょう。聴きながら、その話、その人物自体に興味を持ちましょう。その人が発している言葉自体の意味を咀嚼しながら、何を伝えようとしているのか、その背景にあるものは何なのかを想像しましょう。次に、その時の気持ちやその変化を把握しましょう。ここで注意すべきところは、**相談者に**

**同調する必要はない**、という点です。「こんなふうに感じたんだな」「そのことが嫌だったんだな」とその**感情を把握**するのです。話の途中では、なるべく話を遮らず、必要に応じて、相槌や表情で積極的に聴いている、興味を持って聴いているということが伝わるようにします。相談者が声に詰まり、沈黙した場合は、その沈黙を尊重し、次に話し出すタイミングを待ちましょう。スマートフォンなどの操作はなるべくしないようにしましょう。スマートフォンでメモを取ったり、時間を確認したりすることがあると思いますが、相談者に誤解を与えないように、なるべく使用頻度を下げます。

また、会社の相談対応では、事実確認が必要なことがあります。その際は、その旨を告げて、口頭確認の作業をします。事実確認の必要がない場合は、できるだけ確認をするコミュニケーションは減らすこと。**相談者の思うまま、出てくる言葉のまま話してもらうのが良い**のです。面談が終わる際には今後の流れなどを共有し、必要に応じて次のアクションの確認をします。

聴くスキルはトレーニングによって向上します。日常のコミュニケーションの中で実践することでコツを掴めます。もし、興味があれば、産業領域のカウンセラー資格を取得されるのも良い手段です。

## 30分話を聴いてもらうだけで、80%の人の霧が晴れる

日本では、多くの方が相談をする際に、何らかの解決策をもらえることを期待します。相談者として解決策を求める感覚は、相談を受ける側にも影響を及ぼします。その結果、相談を受ける際にも無意識に解決しよう、解決策を決めようとしてしまいます。ですが、ここではっきりとお伝えします。**相談対応をする際は、解決しようとしなくて良い**のです。相談者は、話を聴いてもらうだけで霧が晴れます。Ｓｍａｒｔ相談室を利用して下さった方々のうちの80%の人は、たった30分間話を聴いてもらうだけで、霧が晴れたとおっしゃいます。

では、解決しようとせず、話を聴くとはどういうことなのか。

皆さんが思い浮かべる話を聴く様子は、相談者が話しているところを、うんうんと相槌を打ちながら聴いているという光景でしょう。では、話を聴く立場の人事労務担当者の皆さんは、どのようなスタンスで話を聴けば良いのでしょうか。

私がお勧めするのは、**相談者をまずは理解しようとする**ことです。先ほど申し上げたよ

うに、多くの方は解決しようとします。しかし、解決しようとする気持ちのその手前で、「理解しようとする」ことに注力し、その時間を維持・保持するようにしてください。理解できたと思ったとしても、より詳細に理解する。それを繰り返しましょう。結局のところ、他人ですから、どう頑張っても真には理解できないのです。ですが、理解しようとするスタンスが、相談時間の価値を高めてくれます。

理解するスタンスをより良いものにするために、**話を聴きながら、相談者の言葉の背景にも目を向けましょう**。「好き」「嫌い」「心配」「苛立ち」「嬉しい」「悲しい」そんな言葉を発した際は要注意です。その気持ちが発生した場面や出来事、そこに隠された感情、肯定しているのか、否定しているのか、その判断基準は何なのかを理解するようにします。微に入り細にわたり詰問するのではなく、相談者が発する言葉や表情を見立てながら理解を深めていくことで相談者像の解像度が上がっていきます。

最後に、相談者の話を聴く時は、**肯定的な姿勢で聴く**ようにしてください。理解することを目的にした場合、相談者の発言や考えに善悪の判断をつける必要はありません。相談者に対して、今のその存在が豊かで満ちていて十分な存在である、という前提で話を聴くようにしてください。そうすることで、相談者のことをより深く理解できます。

# カウンセリングが有効か？ コーチングが有効か？

相談とは、人に話を聴いてもらう行為です。話を聴く人は、相談者の話を聴くことで支援します。このような支援を対人支援サービスと言います。この対人支援サービスには、アプローチの仕方がいくつかあります。ここでは、カウンセリングとコーチングついて、私の言葉で説明します。

カウンセリングは、気分が落ち込んだ時に、本来の水準に戻すことを目的に利用するものです。**心の状態を「マイナスからゼロに戻す」**などとも表現されます。カウンセリングを行うカウンセラーは、相談者の心理的な問題に対応するために、心理学や精神医学、キャリア開発、労働関連法の専門的な知識を持っています。

それに対し、コーチングは通常の心理状態から、より良い状態へ向上させる目的で利用します。**心の状態を「ゼロからプラスに上昇させる」**などとも表現されます。コーチングでは、目標設定やアクションの管理、価値観の確認などを通じて行動変容を実現させます。また、コーチはコーチングに関する知識を持っていますが、必ずしも心理学や精神医学の専門的な知識を持っているとは限りません。このように、カウンセリングとコーチングは同じように相談者に伴走しますが、そのアプローチ方法や持っている知識に違いがあります。

つまり、**カウンセリングとコーチングの違いは、相談者の心理状態によって使い分けられるべきもの**なのです。では、今のあなたにとって、また、相談者にとって、カウンセリングが有効なのか、コーチングが有効なのか、分かるものでしょうか……。

恐らく、自分で分かる方、判断できる方は、これまでにカウンセリング、コーチングを受けた経験から知識として理解している、または、ご自身がカウンセラーもしくはコーチの方で、更に、ご自分の状態も理解している方だと思います。今の日本の状況で、そのような方はまだまだ少ないと思います。

少し乱暴な言い方になりますが、多くの相談者は、自分自身に適した対人支援サービスが何なのか分からないのです。ですから、**まずはアプローチの手法にはこだわらず、話をしてみる、話を聴いてみる**ようにしましょう。その後、自分でそれぞれの体験から、どれが適しているのか否かを判断すれば良いのです。

人事労務担当者やマネジメント職の方の中には、アプローチ方法の違いを気にされる方が多くいらっしゃいます。その違いを気にするあまり、社員からの相談を拒む結果になってしまったり、社員に対して相談するハードルを上げてしまったりします。**まずは、相談してもらう、その行為自体が大切**です。その上で、ちょっと違うかな？ と思ったら、しっかりと話を聴いた後で、適しているサービスを案内すれば良いのです。

## 鍵は、相談回数を決めないこと

相談者が相談をする時に、いつでも相談できると思えることが重要であるのは、直感的に理解できると思います。この「いつでも相談できる」の中には、何回でも相談できる、という状況が加味されています。

勇気を出し、初回の相談にきてくれた社員に適切に対応すれば、社員は相談するメリットを理解します。その結果、また相談しよう、と思います。その際も、変わらず相談できる環境が必要です。相談者の心理としては、2回、3回と相談を続けることで、「迷惑をかけてしまっている」「申し訳ない」という感情を持つかもしれません。そんな時にも、社員には安心して「いつでも相談していいんだ」と思ってもらう必要があります。この繰り返しが発生する状況こそが、何回でも相談できる、という状況です。

**人に相談するだけで、人の気持ちは楽になるものです。ですが、1回相談したからと言って、その後、ずっと楽になるとは限りません。**人の心は常に上下しながら、徐々に良くなる、そして、さらにまた上下しながら心のバランスをとっているのです。継続して相談することで心のバランスが取りやすくなります。相談するということ自体が自発的な行為として位置付けられるべきですから、「また相談しよう」と思った時に、受け手（人事労務担当者）の都合でその想いが阻害されるのは、やはり避けたいところです。

よくあるケースとして、会社で設置している相談窓口では、期間や経済的な理由などで相談回数を制限することがあります。ここで言う回数制限には、依存関係を防止するための施策として行うものは除きます。期間や経済的な理由で相談回数を制限するケースは、相談者側に何らかのプレッシャーがかかっていることを理解した方が良いでしょう。このプレッシャーが相談者の「また相談しよう」という想いを阻害している可能性が高いのです。

逆に、人事労務担当者の立場で考えた場合、一名の相談回数が増え、相談人数が増えてくると、必然的に心理的な負担が大きくなります。通常業務との兼ね合いもあるはずです。そのような場合は、相談担当者を増やす、社外の相談窓口を利用するなどの工夫が必要になります。どのようにすれば、相談回数を気にせずに相談してもらえるかなども、組織として考えてみてください。

## 中間管理職のモヤモヤが一番難しい

相談対応として一番難しい社員の属性は、なんといっても中間管理職でしょう。中間管理職の方は、組織上、上司と部下に挟まれ、自分のルーティン作業と例外処理、並行部署との連携作業など、複数の業務をこなさなくてはなりません。なおかつ、多くのステークホルダー（利害関係者）に囲まれ、影響を受けつつ与えつつ、という立場です。

また、一般的に、中間管理職になる頃には、プライベートでも、結婚、子育て、介護と目まぐるしい変化の真っ只中であるはずです。このような多様な環境では、社員自身も何にモヤモヤしているのか、自分がモヤモヤしている真の原因は何なのか、判断しにくいのです。中には忙しさのあまり、自分の置かれている状況の言語化にさえ苦労する方もおられます。

更に、中間管理職の方には、ステークホルダーが多いことにも注意が必要です。高い確率で複数のステークホルダーの板挟みになっており、自分では優先順位がつけられない状態になっています。このような社員にこそ、人事労務担当者はより意識して、相談を受ける姿勢を示していくことが必要です。

また、中間管理職の方のモヤモヤが一番難しいのは、中間管理職を取り巻く環境が複雑だからという点だけではありません。多くの場合、モヤモヤが晴れた先に何らかの大きな意思決定がなされる可能性があるからです。

**相談対応は、何らかの解決策を提示するものではありません**。また、仮にその場で何らかの意思決定をするにしても、その意思決定をするのは相談者で、相談を受ける人事労務担当者ではありません。

しかしながら、甲乙つけ難い事象の話を聴き、相談者の心境の変化に寄り添っていると、あたかも相談を受けている人事労務担当者が一緒に意思決定をしているような錯覚に陥ります。また、その意思決定を促しているように感じるかもしれません。話を聴きながら、知らず知らずのうちに、「そんなことは自分には決められない」「その意思決定に関わりたくない」と思うことがあります。これは、無意識のうちに自分の対応が、話を聴いているのではなく、意思決定を促している、と感じるからです。

人事労務担当者の方であれば、相談者の意思決定を促すような深入りはすべきでないと考えるでしょう。私もそう考えます。

ですが、ここで意地悪な質問をします。

相談対応の中で、相談者が明らかに間違った意思決定をしようとした場合、あなたは止めることはできますか？　また、止めるように意見を述べたとして、相談者は間違った意思決定を覆すでしょうか。更に、相談後、そのことを心の中に秘めておきますか？　然るべきレポートラインに、相談者の許諾なく報告しますか？

中間管理職の方と話をする際は、そう言った覚悟が必要です。中間管理職の方からの相談数は少ないのが実態ですが、相談があった際は、事前にレポートラインの確認や、相談者の許諾なく報告するべき判断基準をグループ内で目線合わせしておきましょう。守秘義務と安全注意義務、会社のＶＭＶ（ビジョン、ミッション、バリュー）、顧客への責任に照らし合わせて、もっとも社会的に意義のある行動を目指すことが大切です。不正や横領、改ざん、粉飾などが見え隠れすることもあります。**くれぐれも、人事労務担当者のあなた個人が責任の重みに押し潰されないように、組織の機能を果たすことを心掛けてください。**

## 大企業と中小企業の相談から見えてくる組織課題

大企業にお勤めの方と中小企業にお勤めの方では相談内容に顕著な違いが見られます。中小企業にお勤めの方々からの相談は、社長や経営層に関する内容が多く見られます。一方、大企業にお勤めの方は、社長や経営層に関する相談は少ないのです。これは、組織が大きくなるにつれ、社長や経営層と接する機会が少なくなるからだと理解しています。ただ、興味深いのが、中小企業の相談者の多くは、会社のビジョンや事業の方向性、オープンになっている社長や経営層の意思決定について相談しているのです。オープンになっている内容に関する相談であれば、大企業の方でも相談できそうなものなのですが、そのような相談はほとんどありません。更に言えば、大企業の方はご自身の部門の方向性や意思決定に関する相談も少ないのです。

大企業の方の相談は、ご自身に関すること、会社の方針に対してご自身がどのように振る舞えば良いか、という相談が多いです。組織が大きくなると、社員は決められた計画やビジョンなどを所与のものとして変更不可能な条件と捉えるからでしょう。社員みんなで会社を前に進めている、と考えれば、本来は企業規模に関係なく、活発にその方向性や意思決定についてディスカッションするべきです。

社内ルールについても、大企業にお勤めの方と中小企業にお勤めの方との対比で、相談内容から前提の違いが見えてきます。

大企業の方は、社内ルールの窮屈さや守り方、決裁の通し方に関する相談をされます。中小企業の方は、社内ルールがないことに対する不満、または新設の方法について相談されます。どちらのケースも社内のルールについてモヤモヤしていることに変わりありませんが、ルールに対するそもそもの考え方が大きく異なっており、興味深いです。相談者がどのような前提を置いているのかを確認することで、組織の状況が理解できます。

また、社員のスキル開発についても相談数に差が出るトピックスです。例えば、新しく導入するツールの使い方を習得できない。部署異動になったけど、業務に必要な基本的な動作を覚えられない……というような内容です。このトピックスは、中小企業にお勤めの方からの相談が圧倒的に多いのです。相談内容を見る限り、研修体制と業務内容変更のスピードの差に起因しているようです。中小企業は、研修体制を十分に整備できない点と人材の流動化から、各社員間のスキルに幅があります。また、部署異動に関係なく業務内容が変化し、新しいことにチャレンジする機会が多くあります。この状況に対して、都度社員が外部環境に適応しなくてはなりません。その際に、自身のスキルに関して不安を感じたり、前向きではありながらも習得方法に悩んだりするのです。大企業の方からもスキルに関する相談がない訳ではないですが、詳しく見ると、ご自身がそのスキルを習得しなければならない状況に追い込まれたというよりも、自分の意中の部署に異動するために、現在の仕事とは関係なくスキルを習得したい、ということが多いのです。

そして、注目すべき点は、全体に占めるプライベートなことに関する相談の割合と内容に差がないところです。組織規模が変わっても、人間の営みは共通しているのだと改めて思います。逆にいうと、**どんな企業規模の組織で働いていても、社員はプライベートなことで悩んでいる**のです。ワークライフバランス、パートナーとの関係、結婚、出産、子育て、介護、相続、退職後の人生、自己受容、認知のズレなど、ライフイベントに関することから、個人の内面に関するものまで内容は様々です。

これから企業の競争環境は変化し、その結果、社員の属性、社員と会社の関係は一層、変化していくでしょう。会社は、様々な施策を導入しながら大きくなることにいかに注力しようとも、社員の個人的な部分が取り残されて、組織運営に悪影響を与えないようにしなければなりません。

## 月曜日に集中するカウンセリング予約

Ｓｍａｒｔ相談室のデータをみていると、カウンセリングの予約が月曜日に集中していることが分かります。

なぜ、月曜日に集中するのか。それは、週末を通じて蓄積されたモヤモヤに耐えきれないからです。もしくは、日曜日の夜に発生する「会社に行きたくない！」という気持ちを払拭できないまま業務に戻ってしまうからです。

一昔前に、日曜日の夕方に憂鬱になることを、その時間帯に放送されるテレビ番組のタイトルから「サザエさん症候群」なんて言いましたが、都市伝説のように言われていたこの症候群はあながち間違っていないのです。

人事労務担当の方は、月曜日には社員の顔色を見つつ、「今週はどんな仕事をするの？」「気持ちの良い朝だね」などと声がけすると共に、「気になることがあったら、気軽に相談に来てね」とも伝えてみてください。相談を希望する社員が高い確率でいるはずです。

そもそも、**月曜日を憂鬱に感じるのは、週末の休みによって生活のリズムが崩れるから**

です。夜更かしや起床時間の遅れ、朝食やランチの時間が変わるという物理的なリズムの乱れ、そしてリラックスした状態が長く続くことにより、副交感神経が優位となって交感神経とのスイッチがうまくできなくなるという乱れも考えられます。そのリズムの崩れが自律神経の乱れに繋がり、ひどい場合には、休み明けに出社できなくなってしまいます。

休み明けの声がけで相談を希望した社員については、気持ちへの寄り添いとともに、生活リズムの乱れについても念頭に入れておきましょう。生活リズムの乱れからくる気分の浮き沈みは、どんな社員にも発生しています。そのような状態で働き続けると、高い確率で体調不良になります。このような場合には、積極的に介入して具体的なアドバイスをしましょう。また、お休みの過ごし方、生活リズムについて、社員に啓蒙していく必要もあるでしょう。

## 徐々に悩みが変わってくるスタートアップ企業から上場前

短期間で目まぐるしく変化する環境にいると、当然悩みや関心ごとが変わるスピードも早くなります。

企業で言うと、スタートアップの立ち上がり時や成長フェーズ、大きな企業では組織改変時などが、その環境に当たります。このような状況では様々な負荷が掛かるので、社員にとって相談できる場があるのは非常に心強いことでしょう。安心して人事労務担当者に相談できる環境があれば、多くの相談申込みがあるはずです。

ただ、忘れてはならないのは、**相談した社員がその後、順調に仕事している様子を見ても安心してはいけない**、という点です。環境が変化すれば、変化に応じて新たな悩みが発生します。企業が大きく成長している際は、特にその点への注意が必要です。

会社の業績悪化や組織の再編などが起こると、社員が不安な気持ちになるのは当然です。加えて注意が必要なのはもう一つ、意外なところかもしれませんが、自分が成長し、行動した量に応じて望む結果が得られるようになった時です。**新たなチャンス、役割に対する期待感が高まり、自分をより奮い立たせ、努力を重ねているうちに、知らず知らずのうちに、自分の限界を越えてしまう**のです。

あなたがこれまで目標達成のために努力したことや、新しい役割にチャレンジしたことなどを思い出してもらえば、その胸の高鳴りや様子を理解できるのではないでしょうか。また、自分が望んで実現した部署異動なども、ワクワクした気持ちから、いつの間にか脱力感や倦怠感を感じるようになることもあります。

人事労務担当者が把握しておかなければならないのは、以下の三つです。

①相談してくれた結果、調子が良さそうな時でも注意が必要
②変化が大きい時は要注意
③業績が良くても社員の調子が悪くなる可能性がある

この三つを踏まえたうえで、**組織や個人が成長フェーズである場合は、必ずしもネガティブな内容が原因で体調を崩しているとは限らない**のです。

頑張り過ぎている時などは、「やるぞ」「もっとできる」というポジティブな感情から徐々にメンタル不調になっていきます。こうしたケースは、コーチングを活用したアプローチが有効です。もしこの段階で社員と会話をし、自分の価値観や認知のクセを理解させ、当初の段階で目標設定をし、その目標を定期的に見直して行くサポートができたのなら、社員はメンタル不調にならないでしょうし、生産性を上げて組織に貢献してくれるはずです。**人事労務担当者としては、「成長」は「メンタル不調者が発生するかもしれない合言葉」と考えましょう。**言わずもがなですが、組織体制が大きく変わる、会社の方向性が大きく変わる際にも「個人」と「組織」の間にギャップが発生します。

COLUMN

# 心理師が伝えたい、不調になる前に人事労務担当者ができること

Ｓｍａｒｔ相談室カウンセラー
公認心理師
**小倉順子**

Ｓｍａｒｔ相談室のカウンセリングではキャリア相談のみならず、職場でのコミュニケーションや過重労働、家族関係、大人の発達障害、恋愛相談、時には悩みはないけど雑談がしたいんです等々、様々な想いを抱えた方々と日々お話しさせていただいています。

当たり前の話ですが、人事労務担当者の皆さんは、①相談する側になることも②相談される側になることもあり得ますね。双方の立場においてそれぞれ私がお伝えしたい想いがあるので、具体的なケースを交えながらお伝えさせてください。

## ①相談する側

最初に①の相談する側に目を向けてみましょう。

私にとってSmart相談室は「何でも相談してイイよ！」のスタンスなので多様な相談が寄せられますが、どのケースでも共通しているのは「誰かに話す重要性」を感じることです。この後出てくるケースは複数の事例を組み合わせたものなので、個人を特定できる内容ではありません。守秘義務に準じていますので、ご安心ください。

相談者のAさんは、職場の対人関係で辛い経験をしたことがきっかけで、Smart相談室のカウンセリングに申し込まれました。同僚や上司の些細な言動に傷ついてしまう、簡単に傷つく自分のことを弱いと思ってしまう、といった内容でした。たった30分のカウンセリング中でさえ、Aさんの悲しい、苦しい、辛い、怖いといった感情がどんどん溢れてきて、聴いている私の中にもAさんが抱えているものが流れてくるような感覚があったことを今でも覚えています。

何度かカウンセリングを重ねるうちに、Aさんの感じ方や考え方に特有のクセがあることに気付きました。例えば、最初は職場の対人関係の話をしていたはずなのに、「自分はダメな人間だ」「職場の人はみんな自分のことを迷惑だと思っている」「仕事を辞めるしかない」と、いつの間にか話が飛躍し、どんどん悲観的になってしまうのです。Aさんは以前にもこういった状況に陥ったことがあり、そのたびに辞職を選んで何度も職を変えてきたそうです。時には「こんな些細なことで……」と思い留まろうとする時もあるそうですが、ご自身ではネガティブな思考が止められなくなってしまうとのことでした。

さて、ここで簡単に「認知」についての話をしましょう。

認知とは、簡単に言うと「ある出来事に対する捉え方やイメージ」のことを指しており、私たちは自分なりの見方によって世界を見ています。例えば、上司から業務について指摘を受けた際、ある人は「そうだったんだ、じゃあ、次はこうしてみよう」と次に活かそうとしますし、またある人は「私だって一生懸命やっているのに」と悲観的になるでしょう。「こんなことで注意されるなんて」と感じる人もいるかもしれません。つまり、同じ現実状況であっても、それぞれの認知の仕方によって捉え方や感じ方に違いが生じるのです。またある出来事に対して必要以上にイライラや不安を感じ、自分を追い詰める考え方のパターンを「認知の歪み」と言います。代表的な認知の歪みパターンはいくつかありますので、ぜひ調べてみてください。

話を戻してAさんに目を向けてみると、同僚とのやりとりに対してすぐに、「あの人は私のことが嫌いなんだ」「自分はダメな人間だ」「この職場も辞めるしかない」と悲観的に捉えがちな思考パターンが窺えます。この、パッと思い浮かぶ思考のことを「自動思考」と言います。この頭にふと浮かぶ思考のクセが認知の歪みを引き起こすのです。ストレスフルな状態であればあるほど、悪い方へ悪い方へ考えが集中してしまい、視野が狭くなりがんじがらめになってしまいがちです。

一方で、誰しもご自分の中に少なからず認知の歪みは持っているものですから、それを直さなくちゃいけないということではありません。そういった自分の考え方や感じ方のクセを知ることは、自分をリカバリーする手段を得る方法の一つだと捉えていただければ良いと思います。

Aさんとのカウンセリングを重ねる中で、Aさんの思考のクセについて話しながら、「バランスの良い考え方をするにはどうすれば良いか？」と問いかけました。そこでAさんから、自分が苛立ち、傷ついた時に、「～でも……」と考えてみるのはどうだろう？　と返答がありました。例えば、同僚から嫌な物言いをされた時に、「嫌な言い方をされて、悲しい」で終わるのではなく、「嫌な言い方をされた。でも、もしかしたらあの人は今忙しいから余裕がないのかもしれない」と違う視点を付け加えてみる、というものでした。私はAさんご自身で対応策について考えられるようになったことを嬉しく思いました。その後のカウンセリングでは、Aさんが「～でも……」と考えてみたことを書き出してもらい、それをカウンセリングの中で一緒に話していくことを続けました。

ストレスフルな状況に陥った時に、自分の思考のクセについて考えてみることは大事ですが、自分一人で分析するのはとても大変なことです。第三者に相談することで、早く気付きが得られ、自分では気付けなかったことに気付くこともあるでしょう。受け止めてもらえたら、それだけで心が温かくなることもあるのではないでしょうか。初回カウンセリングから数ヶ月後、Aさんからのフィードバックの中で、「はたから見れば些細なことで傷ついてしまう自分のことがずっと嫌だった。カウンセリングを受けてみて、傷付いてしまうことよりも、傷付いた後の自分をどうリカバリーするか考えられるようになった」と話がありました。抱えているモヤモヤが小さなうちに、ぜひ、誰かに話してみてください。一緒に考えてくれる方が必ずいると思います。

## ②相談される側

さて、次に②相談される側に目を向けてみましょう。

相談される立場の方々は私たちカウンセラーもそうですし、企業で言えば人事職の方や労務職の方も当てはまりますね。先ほどの話で「誰かに話すことの大切さ」について触れました。一方で、話してもらうというのはなかなか難しいですよね。本当はもっと前に声を掛けてくれたら良かったのに、気付いたら社員がメンタル不調で休職や退職に至ったなんてこともあるでしょう。どうしてもっと前に話してくれなかったんだ？　と感じることもあると思います。ここでは心理師から見た効果的な話の聴き方と、職場全体でできるサポート方法についてお話ししたいと思います。

まず、話の聴き方についてです。

「聞く」のではなく「聴く」ことが大切です。「聴く」というのは、内容を理解しようとする姿勢をもちながら聴くことを指しますが、私たちカウンセラーはクライエントが置かれている状況や感情、また言葉や態度に滲み出ていない心情を理解したいと思いながら聴いています。クライエントに代わることはできませんが、理解しようとすることはできます。つまり、クライエントを主軸に話を進めていくのです。

先ほどのAさんの例で言えば、Aさんが抱えている悲しみ、恐怖心、苛立ちなどを、まるでAさんになったかのように感じようとするわけです。また、安易なアドバイスはむしろ状況を悪化させる可能性がありますから、注意が必要です。

私たちが誰かに悩みを話した時に、その相手から「私は○○をしたら解決したよ」とか「□□してみたら？」と言われたとします。それが全く的外れだったとしたら、むしろ嫌な気持ちになりませんか。もしくは的を射ていたとしても、自分が求めていなければ素直に受け止められないと思います。その人の人となりが分かっている場合はアドバイスが効果的なこともあるかもしれませんが、まずは相談される側が主導して話をするのではなく、相手の話を尊重し、評価や否定をせずにありのまま受け容れることが大切です。

相談を受けると何かよいことを言ってあげたい気持ちになると思いますが、実は逆で、そう思わないことの方が重要です。うまくできるかどうか心配なことはやらない方がベターです。「この人になんて声を掛けてあげようか」と考えているのなら相手の話に耳を傾け、理解しようとする方がよっぽど有意義な時間になると思います。

また、相談ではなく雑談においても話の聴き方に気を付けておくと、いざという時に「相談したい人」として、困っている人の頭に浮かぶ存在になれるのではないでしょうか。

次に、職場全体におけるサポートについてお話します。

Column

まずは、人事労務担当者がストレスやメンタルヘルスについて正しい知識をもっておくことが大切です。正しい知識は社員の皆さんを守ることに繋がりますし、ご自分を守る術にもなり得るでしょう。また、社内ルールを定めておくことも重要です。

例えばメンタル不調が窺える社員から相談を受けた際、誰が相談に乗るのか、その内容は誰に伝えるのか等、個人情報が勝手に広まらないようにすることで、社員の心理的な安心感に繋がります。

そして、最後に、人事労務職の方だけで頑張ろうとしないことが大切です。外部のカウンセリング機関や産業医にリファー（クライエントを他の専門家に紹介すること）することも大事ですね。

メンタルヘルス対策に取り組んでいる、もしくは取り組もうとしている企業は多いと思いますが、心を扱うことですからイメージが持ちにくく、成果が分かりにくいと思われる方も多いのではないでしょうか。一方で、インターネットの発達や世界情勢の変化から個人のストレッサーは多種多様に拡がっています。

人事労務担当の方々の役割は、いきいきと働きやすい社会を生み出すのに欠かせない業務だと思います。皆さんの心身の健康をまずは第一に考えながら、社員の健康を組織の健康に繋げられるように、私も微力ながら今後もお手伝いさせていただきたいと思っています。

# 第6章

# Smart相談室の現場から

## ―人事労務担当者、相談者、カウンセラーの声―

この章では、人事労務担当者、相談者、カウンセラーのリアルな声をご紹介します。登場人物の背景などは、個人情報保護の関係上、変更しているところもありますが、多くはご本人の了承を得て、そのまま掲載しています。相談することの重要性や有効性、相談を受けるとはどういうことなのか。できるだけ真っ直ぐお届けしたいと思います。

相談者の声

## 聴いてもらえるだけで涙が溢れた

私は相談によって救われた一人です。「話すことは離すこと」というように、一人で抱え込んでいるモヤモヤも、口に出すことでガス抜きができます。すぐに解決はできなくても、気持ちに余裕が出ると、ふとした瞬間に道が開け、問題が問題じゃなくなることもあります。

こんな風に今では話すこと、相談することの大切さを伝えるようになりましたが、元々私は全く人に相談できませんでした。全部自分で何とかしなきゃ！　と抱え込み、扱い切れなくなって自滅していました。このパターンができたのは幼少期です。私の家族は「人に頼ることは迷惑をかけること」という価値観を持っていました。

家庭内で相談や助け合うという姿はあまり見ることがなく、「困ったことや悩みがあってもすぐ相談してはいけない。親も余裕がないし頼っては迷惑になる。私が頑張らなきゃ」と子どもながらに決意しました。ここから「何事も一人で頑張らねば！」精神ができたのですが、この考え方が自分を苦しめることになります。

新卒で選んだ仕事は銀行の個人向け営業。憧れの業界、職種でした。ただ自分の資質や適性とは合っていませんでした。職業選択において大切なのは自己理解です。なのに、「こうなりたい、こうあるべき」という理想ばかり見ていて、現実の自分のことは全く見えていませんでした。営業成績が悪くても相談する、助けを求めるという発想がないので、一人でグルグル考えて泥沼に。職種転換などをして試行錯誤しましたが、5年程で退職しました。

その後、人をサポートでき、かつ営業ノルマのない仕事をしたく、多くの診療科を持つ総合クリニックに転職しました。そこでは受付や患者さんのアテンド、事務やコールセンターなど様々な業務を行いました。しかし業務量が多く、長時間残業や職場の人間関係の悩みも重なり、心身が疲弊していきました。辛くて、辛くてどうしようもない時にふと思い出したのは、相談窓口のことでした。「話したところで何も変わるはずがない」という疑いと、「何とか今の辛さから抜け出したい！」という、祈るような気持ちで、最初の相談申込をしました。

「仕事が辛くて……」。そう言葉にしたら涙が止まらなくなりました。

カウンセラーの方が真剣に話を聴いてくれているのが、とても嬉しくて。自分の存在を受け入れてもらえた気持ちがしました。具体的な解決策を提案されたわけではありません。ただ、不安や悲しみでいっぱいだった気持ちを人に話すことで、心のゆとりができました。

「もう無理だ」、そう感じていた職場にも「まずは明日、一日だけ行ってみよう」と思えるようになりました。その後、人事部に相談し、負担の少ない部署に異動する流れとなりました。この変化の時もカウンセリングを受けていたことで、一人ではないんだという安心感を持って過ごせました。


私は皆さんに、「相談することって、迷惑をかけることや、恥ずかしいことじゃないよ」「人に話すっていいものだよ」と、相談することが苦手だった私だからこそ、声を大にして伝えたいのです。

日本では相談する文化がないことは、これまでの章でも触れてきました。私自身、幼少期に周りに相談することを促すような教育を受けた覚えはありません。この方も、「困ったことや悩みがあってもすぐ相談してはいけない。親も余裕がないし頼っては迷惑になる。私が頑張らなきゃ」と、相談するのではなく、自分で解決する決断をしてこられたことが分かります。これは端的にいうと、「我慢して頑張る」ということに他なりません。この考え方は、当時の日本の社会的背景からすると「正しい躾」として肯定されていました。昨今は、子ども向けの相談窓口やスクールカウンセラーの設置、子どものメンタルヘルス改善など、子どもが相談することに対する考え方が社会全体としても変わっています。

それは、相談文化がない中で育った我々大人が、相談の大切さに気が付いているからこそ、**子どもには、「相談することの大切さ」を教えてあげたい**と思っているとも言えます。今、「相談することの大切さ」を知った子どもが大きくなれば、社会全体の「相談すること」への考え方は変わるでしょう。「相談することが当たり前」の文化は自然とつくられるはずです。

では、今、働いている人、我々はどうすれば良いでしょうか。世代によって価値観が異なる日本社会の中で、「相談しない文化」から「相談する文化」への移行を担えるのは人事労務担当の方々なのではないでしょうか。**「私は、相談によって救われた一人」と言ってもらえる社員を増やすことができれば、社会は変わっていくはず**です。

もう1点、「新卒で選んだ仕事は銀行の個人向け営業。憧れの業界、職種でした」とあります。誰だって希望の仕事に就きたいですし、新入社員の方は胸をふくらませて入社されています。そして、個人は組織に貢献しなければなりませんし、組織は個人を誘引します。仕事を進める中では一筋縄ではいかないことが多々あります。それゆえ、個人は自己理解を深め、組織は誠意を持って、両者が擦り合わせをしていく必要があります。その結果、部署異動、職種変更などが発生するかもしれません。結果に関わらず、両者が選択権を持つ関係性を目指しましょう。

相談者の声

## 65歳、来月15日で定年退職の私を変えたセッション

定年退職を前に「自分はもう終わっていくんだ」「どんな風にフェードアウトしていこうか」と考えていました。病気をしたこともあって、体力の衰えも感じていたのでかなり弱気になっていたのかもしれないです。

2年前に役員の任を終え、1年半前には管理職の任を終え、これからは専門職として「どんな能力が発揮できるのかなぁ」「どんな貢献ができるのかなぁ」なんて考えるうちに、どんどんマイナス思考に。僕らの時代は、自己犠牲を強いられる部分もあったので、これからは妻との時間を大切に、これまで苦労をかけてきたものに対して恩返しをしていこうかなぁ、っていう感じですよね。

スキルについては色々と勉強しましたよ。幸い私は、複数の異なった種類の仕事をし、キャリアとして様々な経験をしてきました。いわゆるターニングポイントみたいなのもありました。自分のキャリアに向き合って考える機会は多かったと思います。そんな私でも、今のようにキャリアの考え方を学ぶような経験はなく、若い世代の方々は、キャリア開発について学ぶ機会が多くて羨ましいですよね。

私は昔の人間ですから、人に相談するとかはあまり慣れてないんです。私の年代ではみんなそうじゃないかな。強いて言えば、妻くらいかなぁ。歳をとってより相談しなくなったかもなぁ。でも、自分の様子を見ていた周りがとにかく心配して、相談窓口を薦めてくれて。利用する時は不安でしたね。ですから、なるべく年齢の近いカウンセラーを選ばせてもらいました（笑）。自分の気持ちを察してくれそうな人が良かったんです。

そして、実際にカウンセラーと話をして、私が勝手に持っていた固定観念が覆されました。そもそも話すことでスッキリもしたし、話しながら、「あぁ、自分は選択肢を狭めていたんだなぁ」「終わりじゃなくて、これからなんだなぁ」って思いましたね。「目から鱗！」って感じです。この歳ですから、専門的な何かを教えてもらった、ということではないんですが、今までの人生の色々な物事の踏まえ方が変わりました。

繰り返しになりますが、「どんな風にフェードアウトしていこうか」って考えていたのが、「こうありたい」「あれがしたい」「これがしたい」って考えるようになったんです。一種の妄想なのかもしれないんですが、明らかに前向きな思考になりましたね。妻とのこと、子どもとのこと、色々なことを具体的に考えるようになりました。妻も、「まだまだ、これからよね」なんて言ってくれてね。

考えてみれば、人口構成的に定年退職者が増えていく傾向と、健康寿命が延びて働ける期間が延びる傾向が相まって、誰もが、定年退職の考え方、捉え方を見直さなければならない時代なのですよね。

思考が変わって、行動、関わり方が変わりました。これまでの地域との繋がり、医療機関との繋がりを会社の資産になるようにもやっていきたいし、会社メンバーに対しても、専門職のキャリアとしてモデルとなるような活動を続けていきたいです。性別に関係なく、できる人であれば70歳になってもできると思いますからね。「後輩から、生涯現役の社員が生まれるといいなぁ」と思ってもらいたい。そんなふうに考えられるようになったのも、相談して、目から鱗が落ちたからでしょうね。

私の父は昭和24年、母は昭和22年と団塊の世代のど真ん中です。父は新卒から一つの仕事をやり続けて定年退職、母は専業主婦でした。父が定年退職を迎えた後の実家の暮らしは激変しました。お世辞にも、それからの生活に備えていたようには思えませんでした。田舎暮らしですから、閉鎖的な環境ですし、先進的な考えが望まれるということもありません。それでも、日本の社会保障は機能しています。税制的に難しい部分はありますが、まだ大丈夫なのかな、と錯覚することもありました。ただ、明らかに「まずいな」と感じることがあったのです。

それは、父が70歳を前に心筋梗塞で倒れた際でした。医療の進歩と共に、確実に平均寿命は延びているにも関わらず、そのことに対する個人の認識が追いついていないのではないか、と感じたのです。

私は、70歳になる父を見て、自分の老いをイメージしました。同じように、父は祖父の様子を見て自分の老いをイメージしたはずです。しかし、実際は自分がイメージしたものより、何歳も長生きすることになるはずです。父が退院して快活に自分の健康管理の問題点を指摘する場面を目にした際に、個人としても社会としても、父という資源を有効活用できていないのではないかと感じました。さらに、病院での風景は社会の縮図でした。病院内では同じような家族構成でお見舞いに来られている光景をチラホラ見かけました。藤田家で起きたことは社会全体で起こっていたのです。あの時の問題意識に対する一つの答えが、この相談者の声の中にあります。

「自分はもう終わっていくんだ」「どんな風にフェードアウトしていこうか」。定年退職を前にした時のこのお気持ちは、多くの方が一度は感じられるものだと思います。複数の職場を経験された今回の相談者でもそう感じられるのですから。

しかし、実際はまだまだ働くことは可能ですし、これまでのご経験は資産です。個人の想いと人的資本をどのように社会に、会社に還元していくのかを、個人も会社も考えなければなりません。一方で、「妻との時間を大切に、これまで苦労をかけてきたものに対して恩返しを」とあるように、個人の中での優先順位を変更していきたい気持ちもあるでしょう。そんな**個人の状況と会社の状況を擦り合わせていくことも人事労務担当者の仕事**でしょう。

定年退職を前に、個人としてどのようにキャリアパスを描いていくのか、そのキャリアパスと会社をどのように紐付けていくのか、それらを社員と一緒に考えていくことはとても尊い仕事です。「私は昔の人間ですから、人に相談するとかはあまり慣れてないんです」

とあるように、一緒に考えていくことが想定される社員の年齢層を考えれば、相談すること、自分から話すことに抵抗感を示されることもあるかもしれません。「実際にカウンセラーと話をして、私が勝手に持っていた固定観念が覆されました」「そもそも話すことでスッキリもした」。しかし、話し始めると、自然と思考が変化していきます。その変化に立ち会いましょう。単に退職関連の制度を改定するのではなく、制度をツールとして、個人と組織の成長を一致させる取り組みを行いましょう。**人事労務担当者が社員のキャリアパスを支援することで社会に資源を還元していく**、そんな役割を担えると素敵ですね。

**相談者の声**

## 上司には言えないモヤモヤが晴れた

今の会社で2年間働いていて、一番辛い、と思うような出来事があって相談を申し込みました。私のプロジェクトを役員にプレゼンする機会があって、その場での出来事に落ち込んでしまったんです。端的に言うと、その役員から強めのフィードバックを受けたんです。役員が言っていることやスタンスは理解できました。その場は、私の直属の上司を含め複数人が参加するオンラインミーティングで、しっかりと議論を行う場なので、フィードバックの内容そのものに問題があるという意味ではありません。

内容は理解できましたし、私の人格を否定しているわけではないですし、理不尽なことを言われたわけでもなく、ハラスメントでもないと思いました。なので、自分でも消化しきれない部分があったのかもしれないです。役員のコミュニケーションについては、言い方の問題なのでしょうね。

そのことを直属の上司には相談しなかったんです。できなかったという方があっているかもしれません。関係性が悪いわけではないのですが、上司もその場にいて、私と同じように感じているかもしれないですし、なんか変なバイアスがかかるのも嫌でした。また、相談して逆に迷惑をかけてしまうのも申し訳ないと思っていました。上司は上司の立場や考えがあるのかもしれないですし。結果として、誰にも相談できなくて。これまであまり仕事で泣くことはなかったんですけど、結構辛かった。この会社に入ってから一番辛かったんです。

「とにかくなんでも良いから話を聴いてほしい」「この辛い気持ちとか、役員のコミュニケーションについて客観的な意見が欲しい」と思って相談窓口を利用しました。

相談すること自体のハードルは高くなかったですね。第三者かつ自分と利害関係がない人に話を聴いてもらうというのが、特に重要だったと思います。当該の事柄が発生した際に、その上司が「その場にいた」っていうのがやっぱり大きくって。正直、私としてはその役員にフィードバックを受けている際に、上司にフォローして欲しかった、っていう気持ちも結構あったんですよね。私としては何かこう解決策を求めたというよりも、とにかく気持ちを吐き出したかったっていうのがありました。どうせ、それを上司に言ってもうまくいかないだろうなぁっていう感じでしたから。

上司のことは、嫌いとか合わないとかそういう感じではないのですが、まだ信頼関係が築きされていないという状況もあると思います。特にこのオンライン環境では、ビジネスの会話が中心な段階なので、なかなか難しいですね。自分がネガティブなことを言うと、上司がそれをどう判断すれば良いか困るだろうなぁとか、そもそもどう判断するんだろうなぁ、っていうのが気になってしまって。

今思えば、前職の先輩とか同僚に話すということもできたかもしれないです。でも、ここはやっぱり専門家に聴いてもらった方がいいだろうなと思いました。カウンセラーの方であれば、プロとして、私の感情をそのまま受け止めてくださるんじゃないかなと。

とにかく、カウンセラーの方が私の感情に共感してくれているのがすごく励みになりました。「やっぱそうだよね。しんどい状況だったんだよね」って自分で確認しながら、一人でしんどくしていた気持ちみたいなのが少しずつ晴れていくのを感じたんですよね。自分にすごい自信がついたみたいな感じではないんですけど、辛いことだったし、やっぱり、そう感じたのは自然だったんだなと認めることができ、気持ちも落ち着いていきました。

一連の経験を通じて、今は自分自身を少し理解したみたいなところはあると思います。もちろん完全にではないですけれど。それに、どんなことも、絶対こういうふうにしなきゃいけないってわけでもない、ということに気付きました。感謝しています。

職場の心理的安全性が頻繁に議論され、正当な行為だと思って言ったことに対してハラスメントだと主張されることも多々あり、職場での言動に気が配られるようになりました。良いことだと思います。

一方でハラスメントの境界線はより分かりにくくなったと感じます。私の元にも、自分の言動がハラスメントに該当するのか、という相談や、不安になるという声が届いています。ハラスメントの境界線が曖昧になったことにより、相談することの重要性はさらに高まっています。そもそもハラスメントの事象に関する相談、ハラスメントの有無に関わらず発生するモヤモヤに関する相談、更には自分では相談だと思わず相談した際にハラスメントが発覚するケースなど、相談という行動がもつ有効性が高まっています。

**ハラスメントの構造は、個人の認識のズレに起因**します。複数の関係者の中で、それぞれ、何をハラスメントと感じて、何を元にそう感じているのか。ハラスメントの事象が一致しているが、その元としているものが違った場合はどのように判断するのか。そこには、個人同士の主観が大きく影響を及ぼしています。そのような際は、事務的な事象の整理とは別にそれぞれの気持ち、考え方、価値観にまで触れながら寄り添わない限り、根本的な解決にはなりません。

「フィードバックの内容は理解できましたし、私の人格を否定しているわけではないですし、理不尽なことを言われたわけでもなく、ハラスメントでもないと思いました」。

この相談者のケースでは、ご自身の中ではハラスメントではない、と感じられています。しかし、ここでハラスメントかもしれない、という第三者的な視点から「そう感じられる方もいるかもしれない」と思っているはずです。

「自分でも消化しきれない部分があったのかもしれないです」とありますので、ハラスメントではない前提でモヤモヤされています。そして、

「役員のコミュニケーションについては、言い方の問題なんでしょうね」と、最終的には

ご自身で一つの結論を導き出されています。

「そのことを直属の上司には相談しなかったんです。できなかったという方があっているかもしれません」とした上で、上司の方との関係性に話が進みます。相談しない文化の中で、個人が思考を巡らし一定の結論に至る過程がよく分かると思います。「結果として、誰にも相談できなくて」と、最終的に誰にも相談できないことから辛い気持ちが込み上げてきています。

個人でここまで想いを巡らすことができること自体がとても凄いことです。そもそも自分一人でここまで自分自身を俯瞰し、分析することは難しいです。この**想いの巡路を一緒に進めることができるようになることが、人事労務担当者の一つの理想像**です。

「相談すること自体のハードルは高くなかった」「第三者かつ自分と利害関係がない人」「気持ちを吐き出したかった」「私の感情をそのまま受け止めて」「私の感情に共感してくれている」「客観的な立場」など、この相談者は自分が求める理想の相談相手の条件を述べています。基本的なことですが、相談対応をする上で、心がけたい内容です。よりよい相談相手になるために気に留めておきましょう。

最後に、仕事の現場で誰しもが思うことについて確認です。チームで仕事をしている場合、一緒に働いている同僚、上司が一番の理解者になれる可能性があります。**解決できない問題に直面した際、その気持ちに一緒に向き合うコミュニケーション**をとりましょう。

そして上司は、「部下は上司に言いにくい」ということを、今一度思い出してもらえると嬉しいです。

### 相談者の声
## 相談した方が良いと分かっていても、相談できない

私は営業活動の中で、お客さまに貴重な時間をもらってサービス説明をする際、「こちらから十分に価値を提供できていないんじゃないか」って心苦しい想いを持っていて、ちょっとモヤモヤしていたんです。そのうち、その気持ちが大きくなり、徐々に辛くなってきて、苦しいながらも仕事を続けていました。

私の父親は、私が高校生の頃に、うつ病になったことがあります。父は辛いことがあっても人に言わなかったんですよ。何か困ったことがあれば言えばいいのになって思っていました。言わないのは良くないんだなぁと。そう考えていても、私はこれまで相談窓口に相談したことはなかったんです。自分の状態があまりにひどければ、そのときにクリニック行ったら良いと思っていたぐらいです。ただ、実際に相談してみて、大きく2点、助けていただいたなって思っています。

1点目が、シンプルに気持ちの落ち込みやモヤモヤが晴れたこと。
2点目が、自分の中にある思考の傾向に気付けたこと。

1点目については、話を聴いてもらえるだけでモヤモヤが晴れてきて、面談後、通常業務に戻った際に、パフォーマンスが上がった点です。これはカウンセリングを受けられた方の多くが経験されることだと思います。私も、多くの皆さまと同じように救われました。都度々の対応って感じですね。

2点目が大きいんです。相談することで、自分の調子が悪くなるパターンのようなものがあるのが分かったんですよね。自分の思考のクセのようなものです。なんとなくそうかな？　とも思っていたんですが、それがハッキリ分かった。自分では絶対に気付けなかったと思います。

私は完璧主義で、全部ちゃんとできてないと嫌なタイプなんですね。そのことは大学生の頃から自覚していたんです。でも、それは私が想定していた以上のものでした。自分が思っているよりも、もっと完璧主義だったんです。

自分が悩んでいることが、自分の性格がゆえに気になっていることなのか、それとも、本当に気にしないといけないことなのか？　その線引きができなくて、そのことを考えると不安になってくる。そんな自分に気付いたんです。

自分の「思考のクセ」に気付くまでに複数回の面談を経ました。これは相談回数を気にせずに面談を実施できたからだと思います。

この気付きで仕事のパフォーマンスが上がりました。これまでは、完璧主義的な考え方で作業を進めて本来の目的ではない、「手段」にフォーカスしちゃうことが多かったんですが、そもそも「目的」にフォーカスすることで結果が出るようになりました。稚拙な例ですが、提案書や打ち合わせをうまく取り仕切ることにこだわっちゃって、お客さまのニーズや意見を十分汲み取れていなかったりしました。今思えば、自分がつくりたいそれっぽいものをつくるってことに満足しているような。あと、凄くシンプルな話なのですが、働いていて辛くなくなった。働くことが楽しくなった。多分、自分のキャパも増えているように感じます。

不思議なんですが、完璧主義な性格自体は変わってないんです。その性格自体は、良い面、悪い面、両方あって、カウンセラーさんと話す中で気付いて、性格が変わったというよりは、対処方法を覚えたという感じですね。

この気付きは、徐々に現れたのではなく、何回目かのセッションで、カウンセラーさんから考え方について「傾向が見えてきませんか？」って言われて、そこでビビっと、なんか「自分でラインを引いてそこに達しない」っていうところで毎回悩んでいる、って気が付いたんですよね。確かに、あの件も、あの件も、あの件も、そうだ！　みたいに。あの時が、性格への対処方法を覚えたタイミングですね。

周りの方々から、自分の様子が変わったと言われます。これまでの私はオフィス内での表情が固かったようです。「大丈夫？」って言われたりしました。朗らかになったというか明るくなったというか、そんな風に変化しているんだと思います。

---

私が、**誰にでもメンタル不調になる可能性があると考えている理由は、その原因になる思考をつくっているのが、自分自身だから**です。そして、自分ではメンタル不調になっていることが分からない。仮に、自分では「セーブした方が良い」「誰かに相談した方が良い」と考えても、自ら行動に移すことはなかなかできない。

「こちらから十分に価値を提供できていないんじゃないか」。……この相談者さんは、特に責任感の強さや達成意欲の高さから、ご自身に鞭打つ形になっています。このようなケースは、個人の想いを尊重すべきなのか、ブレーキをかけた方が良いのか、周りからも判断しにくいのです。

「何か困ったことがあれば言えばいい」ですが、ここにあるように、ご自身の原体験を持ってしても、頑張り過ぎる自分を止めることは難しいのです。この状況を考えると、会社側から静止するべきです。**個人と組織、両方の立場から、中期的に価値を発揮してもらうためには、仕事をセーブしてメンタルレベルの低下を防ぐべき**です。

「話を聴いてもらえるだけでモヤモヤが晴れてきて、面談後、通常業務に戻った際に、パフォーマンスが上がった」とありますが、この方は会社からの説明会を通じてＳｍａｒｔ相談室に相談し、その結果、メンタルレベルがプラスに向上しました。そして、自分の中にある思考の傾向に気付いた後は、頑張り過ぎる自分の根本的な原因を知ることが重要です。頑張り過ぎる思考はクセですから、そのままにしておくと、その後も頑張り過ぎる自分が顔を出し、またメンタルレベルが下がってしまいます。

ご自身の思考のクセに気付くだけで状況は変わります。読者の多くは社会人の方だと思いますが、社会人になるまで、また、なってからずーっと一緒にいる思考のクセは、すぐには変えられません。無理に変えようとするのではなく、うまく付き合う方法を見つけることが重要です。

人事労務担当者として、社員の行動変容にコミットすることができれば、確実に会社全体のパフォーマンスは向上します。行動変容した社員の表情は変わりますし、その変化に周りが感化されて組織の雰囲気も変わって行きます。一人またひとりと局所的に行動変容が起こることで、それが面として広がっていきます。このような活動が次世代の人事労務担当者が採用すべき行動です。

## 人事労務担当者の声

### 子育てと仕事の両立は想像以上の大変さ

私はこれまで20年以上、人事労務の仕事をしています。経験した業界は、テーマパークやIT、ゲームなどのエンターテイメント業界、キッズアパレルなど、大手からベンチャーまで会社の規模や業種も様々ですが、どこにいても絶対に必要な存在が「人」です。人に関わる仕事は難しくもやりがいを感じています。柔軟でおもしろい取り組みができる企業で人事の経験ができたこと、メンタルや人間関係の相談対応や研修、採用面接などで経験したことは、社員の声を聴く上で私の力になっています。

私自身も働きながら悩むことは多く、仕事のことはもちろん、子どもが小さいときは特に両立の大変さにくじけそうになりました。なんとか頑張ってこられたのは、いつも誰かが話を聴いてくれて、理解してくれて、支えてくれたおかげだったと感じています。まだ20代前半の頃、職場でモヤモヤする気持ちや不満をある上司に話した時、その方はなだめるでもなく、咎めるでもなく、話を最後までしっかり聴いて気持ちに共感してくれました。その時、自分の中のモヤモヤがスーっと消えていくのを感じたのです。

聴いてくださったことで、自分の言葉がそのまま自分に返ってきて、素直に自分の気持ちを深く考えることができました。それが、話の聴き方や考え方が大きく変わるきっかけとなり、人事の仕事をしながら、産業カウンセラーの資格取得を目指しました。今思えばあれが初めての傾聴体験だったのかもしれないと、カウンセリングを勉強したあとに思いました。

そんな中での妊娠。当時はまだ人事部の中で妊娠・出産・復帰をした方はおらず、私も入社1年未満だったので、育児休業はとれない状態でした。でも、妊娠したら女性は退職するなんて、そんな歴史を人事がつくるのは嫌でした。それに、自分が小さかった頃の記憶も影響しているのですが、母は専業主婦で父は亭主関白なタイプ。自分が稼いでいるんだから妻は黙ってついてこい、という姿勢に対する反発もあったのだと思います。ここで辞めてしまって、あんな風に旦那さんを偉そうにさせる環境をつくるなんて絶対に嫌だとも思いました。もちろん父親と旦那さんは別の存在で、偉そうにするなんてことはないのですが、小さな頃の記憶は強く影響しています。そこで決意しました。私は産後休暇だけで復帰し、子育てしながら働き続けると。決意はしたものの、産後2ヶ月での復帰は身体的にも精神的にも相当ハードで、なかなか眠れない、子供にも申し訳ない想いで、いっぱいいっぱいの日々でした。家族にも助けてもらいながら、なんとか毎日を過ごしていました。

仕事は育児短時間勤務制度を一定期間は利用したものの、仕事は忙しく、いつもより遅く保育園にお迎えにいったとき、「おかあさん、おつきさまきれいだねぇ」と満月を見て子どもが言ったんです。「私はこんな遅い時間まで何をやっているんだ？この子との大事な時間を割いてまで仕事をして、そして、本当に充分な成果は上げられているのか」と思うと泣けてきました。かなり追いつめられていた時期でした。でも、今辞めたら何になるんだとの葛藤も抱えつつ、理解ある社内の友人と話すことで、なんとか頑張り続けることができました。

その後、自身の両立の経験も活かして、全社の両立支援の担当になりました。育児や介護をしながら働く社員のための専門の担当者です。ママクラスをつくり、部門も人事も巻き込む。働く人の人数も多く、雇用形態、勤務時間も様々、一人ひとりの状況を理解してサポートをする。

お母さん自身の覚悟も必要ですが、そのためのサポートを約束し、同じ状況にあるお母さん仲間と交流できるツールや、ママクラスを開催して上司にも参加してもらい、お互いに前向きなサポートをするための場づくりを行いました。当時は、私がなんとかやるんだ！ という強い気持ちを持ちつつも、時には気持ちが大きく揺らぐことがありました。

あるミーティングで、「産んじゃった人をなんで助けてあげないといけないの？」と率直な質問が出ました。その時、黙ってしまった自分。心が折れそうでした。当事者であり、担当者であるからこそ、きつかった。もし言えるならば、「ただ助けて欲しいわけじゃないんです。子どもがいる人も会社の大事な戦力。その人たちも責任感を持って、自立して自分のキャリアを考えて動いていくこと、そう思えるように仕組みを整え、その人達を支えるために困っている部門や上司をサポートすることをみんなで考えたいんです！」とその場で伝えたかったのです。

でも自分も実際に迷惑を掛けているかもと思うと何も言えませんでした。その言葉を発した人も、攻撃したいわけではありません。まわりで支えている人の状況や気持ちを考え、「なぜ？」と浮かんだことを伝えたに過ぎないのです。お互いに想いや感情は違うけれども、最終的に向かいたいのは、個人や組織が成長することで、一人ひとりのキャリアややりがい、生活すべてにおいて、みんなが生き生きと過ごせる場をつくること。もしその時に、それぞれの想いを受けとめてくれる人がいれば、もっと違うコミュニケーションがとれたかもしれない。単に傷つく時間を長引かせずに、積極的な動きがとれたかもしれないとも思うのです。

同じ頃、ある社内の取り組みで、他部署の方が「社内に産業カウンセラーがいたらいいんじゃないか」という提案を持ってきてくれました。

社内のお母さんたちや、人間関係などで悩んでいる方の相談を聴く機会は多かったものの、その時は産業カウンセラーがどんな資格かもよく知りませんでした。受験資格を得るための講座は約7ヶ月、毎週末授業もあって、実践練習もあり、課題もたくさん出る。子どもも小さく、両立でただでさえ忙しい状況で、それらをやり切れるか？　という時間的な心配はありましたが、「資格をとってカウンセリングをする、そんな人がいてほしい」という言葉にピンときたものがありました。週末の1日が研修でつぶれてしまうし、子どものこともまた家族に頼まなきゃいけない、子どもにも家族にも心苦しい想い、でも他に受ける人もいない様子。「誰も受けないなら私が受けよう！」と覚悟を決めて、社内で一人だけ申し込みをしました。当時子どもはまだ2歳でした。

養成講座で同じグループになった10人は、年齢も経歴もみんなバラバラ。いっしょに学ぶことで刺激もあり、話せる場があることで毎週気持ちがリフレッシュできる、本当に充実した時間でした。課題もあって睡眠不足になることもありましたが、講師のみなさんはもちろん、全員がカウンセラーとして、誰かの役に立ちたいと願う人ばかり。そんな安心感のある場に毎週通い、学ぶことは私の心の安心にもつながりました。傾聴を学ぶ中で気付いたのは、傾聴は普段の「聞く」とは違い、「聴く」ものだということでした。

ある時、実践練習の中で、私がクライエント役として相談したことに対して傾聴してもらったとき、意図せず急に泣いてしまったことがありました。気にしていないと思ってやり過ごしていたことに気付かされ、自分の気持ちを再確認することができたんです。気付くことで、自分でその問題に向きあったり、自分を労わってあげることができたり、話し終わった時にふぅっと力が抜けて楽になるような気がしました。

カウンセラーとクライエントの間に信頼関係があって、共感され、その安心できる関係性の中で生まれてくる感情は、次に向かう勇気にもなります。私も人事としてそんな風に人と関わり、個人にとっても会社にとってもＷｉｎ－Ｗｉｎの関係づくりができる人でありたいと思いました。誰も敵ではなく、共感から生まれる気付きや成長。それこそが目指したいものでした。その後、産業カウンセラー試験に合格し、社内での相談対応にも変化が生まれ、傾聴は私にとって大きな強みになりました。

人事労務担当者の方は人材の大切さを十分に理解されています。社員の仕事に対する価値観が多様化する中で、現状に適した形となるように、人事制度の見直し、働き方の見直しが必要です。その作業の中で「当事者としての気持ち」と「人事労務担当者としての気持ち」が対立してしまうこともあります。自分の気持ちが、誰の気持ちを代弁しているのか分からなくなってしまうこともあるでしょう。解決できない相剋に逡巡しながら、人事担当者自身が追い詰められます。そんな時にこそ、**「聴くことの大切さ」「相談することの大切さ」を思い出してください。必ずしも解決するためだけではない役割を人事労務担当者は担っています。**人事労務担当者の方が、自らの「聴いてもらう体験」を通じて見出した新しい役割、そこに気付いた流れ自体が非常に勉強になります。人事労務担当者も一人の社員です。他の部署の社員と同じように悩むのです。くれぐれも頑張りすぎず、誰かに話を聴いてもらいましょう。

もし、誰かに相談した経験がない方がいれば、この機会に是非一度、誰かに相談してみてください。**自分が相談しその効果を体験すれば、相談してもらうことの大切さを理解し、聴く技術の向上にも繋がります。**

さらに技術を磨くのであれば、産業カウンセラーなどの資格取得も検討してください。体系的に聴くことを学ぶことで、よりスムーズに、より的確に価値を提供できます。

「私も人事としてそんな風に人と関わり、個人にとっても会社にとってもＷｉｎ－Ｗｉｎの関係」とありましたが、聴くこと、相談することを通じて、人事労務担当者として、社員が個人として成長し、会社の成長にも貢献するような関係性を構築していくことは、これからの人事労務担当者が目指すあり方の一つです。そうなるために、できることを一つひとつ進めていきましょう。

人事労務担当者の声

## 一番必要なのは「相談すること」。何もできなかった人事労務担当だった私ができること

私は、人事労務の仕事をしながら、今は主に休職者の復職支援や相談窓口でカウンセラーをしています。実は、私自身も数年前にカウンセリングで救われた経験があり、カウンセリングの力を誰よりも実感した一人です。

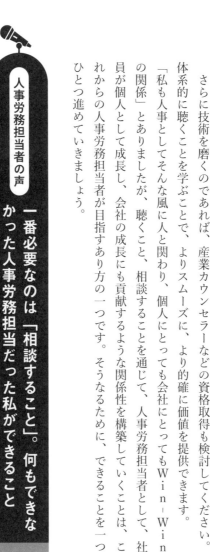

人事労務の業務の中で一番嫌な瞬間。それは元気だった方が事故やケガ、病気やメンタル不調で要休業になったと連絡が入る時です。背筋が凍るような驚きの中でいつも思うことがあります。それは、「そうなる前に何かできることはなかっただろうか？」「防ぐための対策や呼びかけはできなかっただろうか？」です。特にメンタル不調は、突発的というより、積み重ねで徐々に発症する場合が多いので、「危険信号が出た段階で何か力になれなかっただろうか？」、無力感の中でそんなことを考えていました。

しかし、当時の私は専門知識がなく、具体的な対策が全く分かっていませんでした。こんな素人でこの仕事はできないと感じ、そこから必死にカウンセリングの勉強を始めました。

ちょうど同じ頃、私生活で辛いことが起き始めました。あれよあれよという間に自分一人では対応できない状況になり、どんどん身動きが取れなくなっていきました。最初は「何とかなるさ」と軽く思っていましたが、だんだん「あれ？　何とかしないとまずいな」から、「どうしよう。もうどうにもできない」と気付けば底なし沼に落ちていました。抜け出そうともがけばもがくほど深みにハマっていきました。

こういう時は、視野狭窄になると言いますが、本当に冷静に物事が見えなくなり判断ができなくなるんですね。言いたくないことを言ってしまったり、したくないことをしてしまったり、考えたくないことを考えたりしてどんどん苦しくなっていきました。

これ以上どうすることもできず、藁をもつかむ想いでカウンセリングを申し込みました。しかし、この時の私は正直に言うと、「どうせ話しても何も状況は変わらないけどね」と思っていました。これが私のカウンセリング体験の始まりです。

恐る恐るカウンセリング室のドアをノックすると、カウンセラーさんが優しい笑顔で出迎えてくれました。文字にするとそれだけなのですが、まるで一人で吹雪の中をさまよった後にやっと山小屋を見つけ迎え入れられた。そんな心境でした。

カウンセリングが始まると、目の前のカウンセラーさんはあたたかな眼差しで一心に話を聴いてくれました。ただ状況を説明しているだけなのに、なぜか受け入れてもらっている気がする。話せば話すほど理解してくれているのが分かり、押し込めてきた想いや感情がどんどんあふれ出ていました。それでも決して責めたり批判することもなく、私の心境をそのまま受け取ってくれました。

こんなに安心して何を言っても大丈夫と思えたのは初めてかもしれません。親身に聴いてくれる人がいるということ、辛さや苦しさをそのまま分かってくれるということがこんなにも安心し、癒され、嬉しいことだと知りました。

私の心の中でガチガチに凍った氷柱が、遠赤外線のような柔らかい温かさでじんわりと溶けていく感覚がありました。「誰も分かってくれない」から「分かってくれる人がいる」の変化はとても大きかったのです。確かに辛い状況は変わっていません。でも自分の心の状態は大きく変わりました。

さらにカウンセリングのすごい所は、継続で回を重ねるにつれてもっと本質的な問題に気付いたり、解決方法に気付いたりすることです。私の場合そのきっかけは、心に残ったカウンセラーさんの言葉だったり、自分が発した言葉だったり、箱庭（＊）だったり、朝見たYouTubeだったりと様々でした。

ある日、別の話題で何気なくカウンセラーさんに話した言葉が、実は自分の悩みの根幹にズバーンとつながったときがありました。その瞬間はまるで雷に打たれたかのようで、思わず椅子から立ち上がり鳥肌と涙が止まりませんでした。

このように目が覚めるように気付く場合もあれば、「そういうことだったのかぁ」と、後からじんわり気付く場合もあります。うまく言葉で説明できませんが、話すことによって自分の中に気付きの点がポツポツと増えていき、あるきっかけでそれらが繋がり広がっていく。私はそんなイメージを持っています。

このようなことが起きるのはカウンセリング中だけではありません。帰りの電車の中や、お風呂の中、布団の中でもハッと気付くこともあります。そんなことを繰り返すうちに、なぜこんなことが起きているのかがだんだん分かってきました。すると真っ暗だった底なし沼の中に光が差し込み、落ち着いて周りの状況が見渡せるようになってきました。

その後もカウンセリングを受け続けることで、どんどん新しい自分に気付くことができ、変わっていくことができました。すると不思議なことに周りの状況も徐々に解決の方向に向かっていったのです。自分が変わると周りも変わると言いますが、これもまたその通りでした！　時間はかかりましたが、苦しみながらも自分なりに必死に戦い、成長し、強くなれたと思います。今このような心境になれているのは間違いなくカウンセリングのおかげです。

誰もメンタル不調になりたくてなる人はいません。その時の状況や環境がタイミング悪く重なり、頑張り続けるしかなくなってしまった場合が多いのでは、と私は思います。人生でそんな場面は嫌でも襲ってくる時があります。どんな人にでも。

そんな時に一番必要なのは「相談すること」だと思います。身近な人には言えない時、言いたくない時に話していただける存在になれれば嬉しいです。診断書が出る前に、底なし沼に落ちる前に、一人でも回避していただけますように。そんな想いでカウンセラーを続けています。悩み事を人に話すことは、とても勇気のいることだと思います。かつての私もそうだったので、そのお気持ちはよく分かります。でも、一人で抱え込まないで欲しいです。体調を崩すまで我慢しすぎないで欲しいです。頑張り過ぎないで欲しいです。

（＊）芸術療法の一種。箱庭療法のこと。

メンタルヘルスの取り組みでは、メンタル不調者の状況に目が行きがちですが、対応する人事労務担当者の負担も相当なものです。通常業務の運用だけでも大変なのに、突発的に発生するメンタル不調者への対応は更に精神的な負担となります。ご自身を理解する上でも、**社員がメンタル不調になるのを防ぐためにも、専門的な知識をインプットすること**

**は有効**です。

この方はメンタル不調を予防したいという想いと同時に、自分の力のなさを感じ、カウンセリングの勉強を始められています。人事労務担当者が自分のキャリアを切り拓いていく一つのヒントがあります。

## カウンセラーの声 労務当事者の私が第三者としてできること

私は新卒から20年近く人事労務畑で働いています。人事労務の担当者として、働きながらカウンセラーとして社外の方のご相談を聴いています。誰にも他の人には言えないような悩みがあります。上司や同僚にも言いづらいようなこと。ちょっとしたものもそうですが重いものは尚更言えない。それをフラットに第三者が話を聴くことで自己解決したりスッキリして道が開けたりするのを目の当たりにしています。

また人事労務担当として、正直、社員の方一人ひとりの様子を毎日見たり、どんな想いを抱えているのかに気付くことは難しいです。気が付いたらメンタル不調になって休職や退職に至っていることが多いのです。また、対応を間違えることで状態が悪化したり、訴訟になったりすることも考えながら対応を進めるのは、大変な業務ですよね。休職に入られた方からのご相談の対応や復職支援など、社員の方と伴走しながらの業務は言葉の選び方一つとっても、非常に気をつかいます。あとは、就業規則に則り、社員が休職から退職になる手続きを行う場合の人事労務の方の心理的負荷はとても重いものです。なんとかしたいが、なんともできないという板挟みになってしまう構造です。とくにメンタル不調で休職している人に対して、会社としての見解を言わないといけない。業務として行うものの、辛いものは辛いですよね。

一方、カウンセリングは1回受けるだけでもすごくいいなと思ってもらえますが、その1回目をどうやって受けてもらうかというのが課題です。会社の風土はあると思いますが、きっかけを促すような仕掛けがあるといいですね。やっぱり初めて相談をする時は心理的抵抗感もある。いかにすぐに予約まで辿り着けるのかもとても大切だと思います。

仕事をしていて、生きていて、不安な気持ちを全て取り除くことは難しい。けれど、過度に苦しさや辛さを抱えるのではなく、そうした時間を少なくすること。自分もそうありたいし、一人でも多くの人にそう感じてもらえるような支援を続けていきたいと考えています。

人事労務担当者をしながら、外部のカウンセラーとして活動されることで、社内の人事労務担当者としての社員の本音と向き合う限界を実感されていることを話していただきました。このことは、多くの人事労務担当者が感じています。ここに組織運営における外部のカウンセラーを活用するメリットと進め方のヒントが隠されています。

**上司や同僚にも言いづらいことは、社外の人間、第三者にならば、社員は話す**のです。個人の体調のことだけを考えると、社内だろうと社外だろうと相談し、話を聴いてもらい健康になってもらう方が良いはずです。

現実的に人事担当者として社員全員の状況を確認するのは難しいです。メンタル不調者の発生を一番に気付くのは直属の上司、同僚が多いのは当然のことなのです。ただし、気付いた時にはメンタル不調になっており、休職、退職することになります。チームも辛い状態になります。やはり、相談文化を根付かせることでメンタル不調にならないことを目指すべきです。

「対応を間違えると」「訴訟に」「復職支援」「言葉の選び方」「退職になる手続き」「板挟み」……。メンタル不調者への対応は、人事労務担当者にとって心理的な負担が重い作業です。

仮に人事労務担当としてカウンセリングの効果を認識し、社員にカウンセリングを受けてもらう仕組みを検討したとしても、どうやって受けてもらうのかに頭を悩ませます。会社として相談文化をどのように根付かせていくのかは、人事労務担当者であれば皆さんが感じている課題なのです。

### カウンセラーの声

## 人材紹介ではない、キャリアカウンセリングを提供することの尊さ

私は人材派遣会社の営業職として仕事をしながら、副業でカウンセラーの仕事をしています。２０１４年に大手人材派遣会社に入社し、これまで営業職一筋です。人材派遣会社の営業というと、モノではなく商品が「人」で無形商材営業と言われています。新卒１年目から、大阪難波のど真ん中を大きな営業カバンを持って走り回り、飛び込み営業やテレアポなどの新規営業をメインにしていました。その後、新規営業、深耕営業、派遣スタッフの方の就業中フォローアップ・キャリア面談、リーダーとしての後輩育成に携わっていました。

ある時、仕事でトラブル事案が相次ぎ、十人十色のクライアントやスタッフさんの対応で疲弊してしまった時期がありました。出勤予定の派遣スタッフさんがいつまでも来ない、やっと連絡がつき、「明日から出社する」というその言葉を信じて翌日を迎えるも、クライアントからは翌日も出勤していないとの連絡を受けました。何度もスタッフさんとコンタクトを試みながら、クライアントへも状況共有をし続けました。その期間は3週間ほど続き、このままじゃあかん、と感じたことを覚えています。

その頃、私は20代半ば。関わる方々は30~50代。「うまく立ち回る」ということができませんでした。せっかくクライアントとスタッフの間に入っているのだから、自分の存在価値を高めたい。それに、自分自身の考えや想い、感覚で動くだけでなく、何か指針になるものが欲しいと思い、キャリアコンサルティングを学び始めました。そして、2019年に国家資格キャリアコンサルタントを取得しました。キャリアコンサルタントの資格取得後、日常の業務のなかでキャリアコンサルティングや、学んだ知識を活かしながら社内のメンバーと関わる日々が続いていました。

一方で、派遣会社以外でのキャリアコンサルタントとしての活躍の仕方が分からずに過ごしていました。派遣会社の自分ではなく、目の前の相談者さんのキャリアにフラットに寄り添うキャリアコンサルタントとしての私が活躍できる場を求めていたのです。

あるタイミングで、社内の退職者が相次いだ時期がありました。「相談者が不調と感じる前に、なんでも相談してイイよ」という仕組みが自分の会社にもあれば、悲しい理由で退職する前に心のケアもできたかも、その人の本当にありたい姿をもう一度客観的に見直す時間が持てたのでは、と頭のなかでいろんな感情がぐるぐると駆け巡りました。

また実際に、社外のフィールドでキャリアコンサルティングを行って感じたのは、相談の種類も人の数だけあるんだなということです。この相談を会社の人事労務の方が聴くことができれば、社員はもっと働きやすいだろうし、悲しい退職も減るはずです。

現在、私は子育てをしながら仕事もしている、というポイントで、相談者からご指名いただくことが多いです。とはいえ、指名理由は似ていても、実際に相談いただく内容はそれぞれ異なります。そして、カウンセラーが答えを持っているわけではありません。その方が話したいことをそのまま話していただきながら、コミュニケーションを図り、より深いところも聴いていく。悩みや迷いを口に出すことで気付けたり、整理できたりすることも多く、自分自身を客観的に見る時間に私の存在がとても重要なのではないか、と感じています。

また、「これ、相談していいレベルのやつかな?」と思ったことは、まず口に出してみて欲しい! と声を大にしてお伝えしたいです。自分のキャパシティを水が入ったバケツに例えると、人によって水の溜まる速さも異なれば、あふれるタイミング、あふれるスピードも違います。些細な悩みだからと思い、抱え込んだ結果、気付けばバケツから水があふれだしている状態なんてことは本当によくあります。自分自身の心に少しの余裕と、身体の健康があるときに、自分の頭の整理に、人に相談することをお勧めします。

働く人を支援する、社員を支援するとは、どういったことなのか。人材サービスの現場からキャリア支援のあるべき姿を語っていただきました。

人材の流動性が高まり、人材市場から人材を調達することで経営の効率は上がりました。一方で、一緒に働く仲間のキャリアを犠牲にして、組織への貢献ばかりを強要しているケースはないでしょうか。雇用形態や契約を盾に、本来、大切にしなければならない人事務担当としての想いを忘れることのないようにしたいものです。

このカウンセラーの方は、キャリア支援を行う目的で資格を取得されましたが、自社内だけでなく他社の社員にも価値を提供できることに気付かれ、自分と同じ境遇の方、これまで仕事で携わった方々から学んだことを社会に還元しようとしています。

「相談者が不調と感じる前に、なんでも相談してイイよ」と、メンタル不調になる前に相談する仕組み。相談する文化を広めていきながら、様々な人のキャリアに寄り添うのも、働く方をサポートする形です。

第7章

# 今後、求められる人事労務担当者の役割

―人的資本に対する新しいアプローチ―

## 会社経営における「社員」の意味合い

1990年代前半までは、就職すれば、寮に社宅、自宅にも住宅手当、そして、社員食堂、社内運動会、社員旅行、が当たり前でした。会社が第一のコミュニティで、社員は家族のような存在でした。

その後、徐々に社内の様々な取り組みが廃止されながら、各自が必要なものを選択するようになりました。社員のニーズが画一的なものから独自のものに変わって行ったことから、良い方向に変わったように感じられます。しかし、金銭価値に変換した場合は、昔の手厚い福利厚生と比べると今は大きく見劣りします。新興企業に勤める社員が、一等地ビル内の社員食堂でランチを無料で食べられるというようなニュースに、羨ましく思ったりしますよね。

日本企業において、福利厚生が薄くなるのと同時に、会社の人間関係は希薄になりました。プライベートを重視するようになり、社外のコミュニティが第一優先になっています。会社の仲間と飲みに行くことも減り、会社の人間関係に頼ることも少なくなりました。
会社が社員から離れて行ったのか、もしくは、社員が会社から離れて行ったのか分かりませんが、社員にとって会社は一番の存在でなくなりました。そして、会社も社員のことを一番に考えることは難しくなったようにも思います。

一方で、日本はバブル崩壊後、35年かけて株価が過去最高値を更新しました。しかし、働いている環境は35年前と同じではありません。社会的状況が当時と違いますから、当然です。経済活動の資料としての株価が回復し、経済活動が好転したとする見方がありますが、正直申し上げると、私の感覚としては、豊かになったという実感はありません。きっと、企業活動が個人の幸せとは紐づかない社会になったのだと思います。そう考えると、会社が社員の面倒をみることや、社員が居場所を会社だけに求める、というのは現実的ではないでしょう。

会社経営の立場から社員を見た時に、社員が宝であることは、昔も今も変わらないはずです。その中で、社員を家族と考える風潮が薄れ、社員の健康に配慮する健康経営が謳われ、社員を人的な資本であると考える人的資本経営に至りました。私は、この流れによって、会社と社員の距離が縮まったとは考えていません。人材の流動性が高まっている部分を加味すると、距離はより離れたと感じています。ですが、社員の負担、キャリアパスを無視するような、いわゆる「使い捨て」のような関係性を望んでいる人事労務担当者はいません。であれば、**「社員を家族ではないが、生き生きと働く、血の通った、でも資本である何か」として捉え直す必要がある**でしょう。

## 「個人」の中にある「社員」という役

「社員」と「会社」の関係性が、新しい関係性に移り変わったことで、「社員」は「個人」に近づいたのでしょう。いや、**「社員」は「個人」になった**のです。

これまで会社が見てきた社員は、会社のことを一番に考える人材で、1日24時間に占める仕事の時間も一番長く、会社は社員のマインドシェアを獲得できていました。しかし、社員の中で会社の占める割合は心理的にも工数的にも下がっていき、自分の人生を占める要素の一つになりました。仕事一筋で何年も働いてきた仕事人間が定年退職後にぽっかり心に穴が開くように、関係性の変化と共に社員の心には隙間が生まれ、その隙間を様々な要素が埋めていきました。その結果、**社員は様々な価値観を持った個人となり、会社は、**

**多様な価値観を持った個人の集団へと変化した**のです。

社員が様々な価値観を持った個人になった結果、会社は多様な価値観に対応する仕組みを模索しなければなりません。金銭的な枠組みを変えるという意味ではなく、社員へのサポートの仕方を変えるという意味です。

社員の立場から考えてみると、会社にいる間は、自分の中に複数ある要素の中から「社員である私」を選んで、その立場で立ち振舞っている、ということになります。会社は当然、会社にいるときの「社員である私」をサポートします。それとは別に「社員である私」に貢献してもらうために、「社員である私、以外の私」をサポートする方法がないか検討してみましょう。

例えば、**1日の8時間の労働時間の始まり、終わりの時間を調整できるようにし、「社員である以外の私」も活動しやすくする**などです。これは、会社が仕事以外の部分に関与しようと言っているわけではありません。その具体的な施策を取捨選択する際に、会社として何を大切にするのか、優先順位をつけるとどうなるのか、そんな思考が人事ポリシーに照らし合わせて、整合しているのかを検討する良い機会になります。更に人事戦略や人事制度、人事ポリシーを変更する可能性をも見え隠れするようになります。一度、社員を「個人」とした場合、どんなサポートができるか、検討してみることをお勧めします。

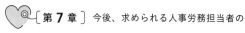

## 「個人の成長」と「組織の成長」を一致させる

「社員を家族ではないが、生き生きと働く、血の通った、でも資本である何か」と考えた場合、社員は会社と一定の距離を保ち、個人の意思を持って企業活動に参加してくれていると言えます。この状況では、社員は自分の考えに則して意思決定しています。逆に言うと、会社からの指示や意向に対して、必ずしも同意する訳ではなく、個人の自由意志のもと、何らかのメリットを感じ、納得できる部分があるから同意します。大雑把に言うと、利害関係が一致しているということになります。

さてここで、会社が社員に指示し、お願いしていることについて考えます。その指示やお願いしていることは、会社の何らかの計画に沿ってのことです。更に言うと、経営の複数年計画に沿ってということになります。この複数年計画は、綺麗な右肩上がりに描かれます。一方、この**右肩上がりの成長に対して、社員の人生は、右肩上がりとは限りません**。調子の良い時もあれば、少しブレーキをかけたい時もあります。バリバリ仕事を頑張

## 「個人の成長」と「組織の成長」を一致させる

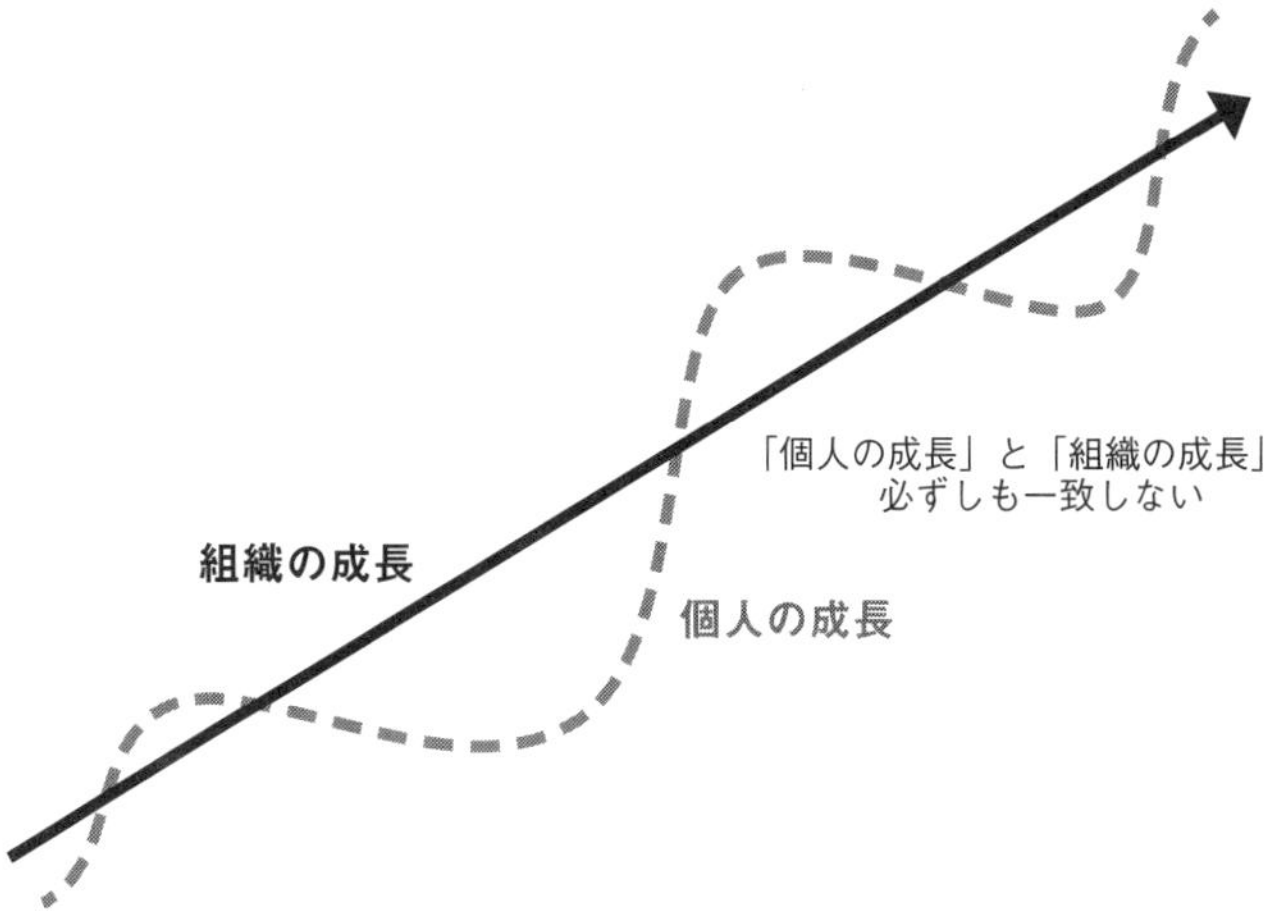
「個人の成長」と「組織の成長」は
必ずしも一致しない
組織の成長
個人の成長

る時期があれば、子育てや介護、趣味に注力したい時期もあります。グラフで言えば、右肩上がりの線と上下しながら右に上がっていく線が、交わったり、離れたりしつつ、それぞれの上下関係を交代しながら時間を共にしていく形です。つまり、**会社と社員はそれぞれ、持ちつ持たれつ、ギャップを埋めながら、互いに影響を与え、労働契約で結ばれている**のです。

　このギャップを埋める行為の一つが、人事労務担当者が社員の相談を受け、話を聴くことなのです。ギャップが発生した時に、生々しくそのギャップを感じるのは社員です。「私は成績が悪い」「上司から求められるアウトプットを出せない」「同僚に迷惑をかけてしまっている」というような感情がギャップから生まれてきます。この感情を早い段階で解消できれば、その後、メンタル不調になる可能性はグッと減ります。

難しいのは、「もっと高度な仕事がしたい」「改善したいが上司が許さない」「もっと早く成長したい」というように、社員の線が会社の線を超えている場合です。このケースは、所属部門と連携して、機会の創出が必要になります。場合によっては、人事制度に手を加える必要があります。そもそも会社が想定している個人のパフォーマンスを上回っている訳ですから、その対処は例外的な処理となるでしょう。しかし、この対応が組織の生産性を向上させたり、非連続な成長の取っ掛かりになったりします。**機会を創出しながら、ストレッチ目標を運用して、個人の成長を組織の成長に一致させる**のです。

個人の成長を組織の成長に一致させる点は、全ての社員に対して言えることです。社員それぞれのスキルを持って組織に貢献してもらいつつ、より高い成果を出せるように、ちょっとしたチャレンジができるようにコミュニケーションをとっていきましょう。メンタル不調者への対応については、その後、成長の機会があることを想定して、その機会を十分に楽しめるようになるまで伴走する計画を立てましょう。休職が必要なのか、期間はどれくらいなのか、その間はどのようなサポートが望ましいのか、復帰後どのようなレベルのチャレンジをするのか。個人の成長を明確にして、組織の成長にどのように貢献し、組織はその貢献にどのように報いるのかを話し合いましょう。

## 個人としての生き方を選択できる仕組み

「個人の成長」と「組織の成長」を一致させることを考えた場合、ぜひ大切にして欲しいポイントがあります。それは、**社員の相談に乗る際には、社員には個人としての生き方についても選択肢があることを、社員自身が気付けるようコミュニケーションすること**です。

もちろん、社員の状態によって、傾聴に徹した方が良いケースや一般的な会話に終始した方が良いケースもあるので、対応方法はケースバイケースです。その環境の中で、比較的落ち着いて会話ができるのであれば、社員が今の職場で働いている目的を確認しながら、その目的を達成するためにはどのような選択肢があるのか、仕事のことでも、プライベートなことでも、社員が選択できる可能性について話しましょう。それだけでも、社員と会社の関係性についてより良いアイデアが浮かびます。**社員と会社の関係性は、社員によって千差万別なので、否定することなく発展的に話す**ようにしてください。

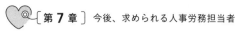

そのような会話の中には、会社の仕組みとして対応できるもの、できないものが含まれます。現行の仕組みで対応できるものは、その可能性を社員にフィードバックし、選択してもらうようにします。その際は、社員が思い描く自分の将来、自分が大切にしている価値観、人生の目的に照らし合わせて方向性が間違っていないか確認するようにします。**個人の成長と組織の成長、それぞれの方向が一致して、それぞれのアクションが双方に良い影響を与えていることが、成長を加速させる**ことになります。

さて、社員の想いを、現行の会社の仕組みで対応できない場合は、どうするべきでしょうか。まずは、人事労務担当者がその状況がよくないと考えるのか、会社の仕組みを変えるべきか否か考えてみましょう。

その状況を是とするのであれば、タイミングをみて、そのことを社員に伝えるべきです。くれぐれも気をつけていただきたいのが、社員がその事実を受け止められる精神状態であることを確認してからにしてください。社員によっては、どのような内容であれ、受け止めきれない可能性があります。その時は、あえて会社の立場から伝える必要はありません。受け止められる状態になった際に伝えましょう。それは、期待に添えないことをしているということではなく、個人に選択してもらうための環境整備と考えましょう。

**大切なのは、個人と組織がフラットに同じ情報を元に、お互いが意思決定できること**です。仮に、その情報共有の結果、社員が何らかの意思決定をした場合は、その決定を尊重してあげましょう。組織として、個人の成長を支援している、そう考えてみてはどうでしょうか。

一方、**人事労務担当者として社員の申し出について、会社側が何らかの改訂をすべきだというケースは、社内で積極的にそのことを検討できるように動きましょう。**恐らく、当該の社員は本音を言っています。個人の意見なので、主観が混じっていますが、主観を含めて、社員からの意見です。その意見について人事労務担当者のあなたが納得するのであれば、会社としてこれまでのルールを変更するタイミングです。**あなたが受け取った声は、社内のサーベイや外部の調査では把握できない一次情報**なのです。それを経営に生かすべきです。関連する仕組みをご自身が変更できるのであれば、変更を検討すれば良いですし、ご自身の領域でなければ、その領域の担当者に連絡しましょう。

昨今注目されている人的資本経営の指標や健康経営の題目は、企業価値を評価するための代理指標です。その元となる社員の状態、環境に向き合っているのは人事労務担当者です。人的資本経営の指標や健康経営の題目が生まれている背景、どのようにその数字が出来上がっているのかを経営陣はもとより、社内に広く発信していくことが、今後の人事労務担当者に求められていることです。

## 人事労務担当者も大切な社員

私が企業向けに「何でも相談してイイ」相談窓口を提供し始めた理由の一つに、人事労務担当者を助けたい、という気持ちがありました。私がこれまで一緒に働いていた人事労務担当者の多くは辛そうな顔をして仕事をしていました。人事評価や給与計算、規則の改訂など、ミスの許されない業務をしながら、社員の相談対応をするという毎日。さらには、人事労務担当者がビジネスサイドに入り込み、より事業への影響を持つことが良いという世間の流れもあり、にっちもさっちもいかない状況を目の当たりにしてきました。

**社員が相談できる環境は大切です。**
**でも、人事労務担当者の健康も大切です。**

今後、人事労務担当者の役割は、より戦略的なものに変わっていくでしょう。社員やマネージャーと直接コミュニケーションをとり、労働環境の整備はもちろん、人材の育成、組織開発にまで関与していきます。その際、人事労務担当者は組織と社員の間で、問題解決や障害の解消を行うことになるでしょう。多くの人事労務担当者はコミュニケーション能力に長けておられますから、そのような状況で価値を発揮するでしょうし、重宝もされるでしょう。

しかし、その仕事は、社員同士の感情や、社員の感情と経営方針の間に挟まれます。感情的な疲労やストレスは相当だと思います。社員は、自分の感情や考えと、仕事上求められる感情や態度との間でバランスが取れない時は人事労務担当者に頼ることができます。ですが、今の環境では、人事労務担当者は誰にも頼れない状態です。そんな**人事労務担当者こそ、相談することを恐れず、そして、大切な社員であることを忘れないでください。**

COLUMN

# 産業保健師から見た従業員の健康を守るために人事労務担当者ができること

Ｓｍａｒｔ相談室カウンセラー
CocokaraCareer(ココカラキャリア)
産業保健師・キャリアコンサルタント
**志野恭子**

私は日々、産業保健師として企業のメンタルヘルス対策に携わっていますが、これさえやれば従業員がメンタルヘルス不調にならないとか、こんな時はこうするといった正解がないのが、難しいところです。従業員の抱えているストレスは、原因も程度もみんな違います。人事労務担当者や管理職からは「従業員がメンタルヘルス不調にならないためには何をしたらいいのでしょうか？」「メンタルヘルス不調になった従業員にはどう対応すればいいでしょうか？」と相談されます。業務内容や職場環境が明らかな原因であれば、職場でできる解決策はあります。ただ、メンタルヘルス不調で休職に至るケースでは、職場以外の複数の要因が複雑に重なっていることが多く、簡単には解決しません。

なぜ要因が複雑になっているのでしょうか。一つは働き方改革が進み、働きながら家事や育児、

## Column

介護をする人が増えたことがあるかもしれません。働き方改革は仕事の負担を軽減する一方で、仕事とプライベートの両立により、ストレス要因が増えてしまった人もいます。また、働くことに対する価値観も大きく変化し、仕事とプライベートのバランスを重視する人が増えています。家族にとって望ましい「働き方」を選択することができても、自分の「働きがい」とのバランスが難しい、という悩みもあります。メンタルを良好に保つためには、それぞれが「働き方」と「働きがい」のバランスを保つことが重要だと感じています。

では、人事労務担当者は、従業員のメンタルヘルス不調にどう対応していけばいいのでしょうか。私はまず、「予防」と「早期対応」に取り組むのが良いと考えます。「予防」は、セルフケアできる従業員を育成すること、職場環境を改善することです。「早期対応」は、人事労務担当者や管理職が早めに従業員の異変に気付いて声をかけることです。

ストレスへの対処方法を身につけることは、長い職業人生を送るうえで、重要なスキルだと思います。従業員が「調子が悪い」と申告してきたときには、すでにうつ病が深刻化していたというケースや、前触れなく突然「休職」の診断書を提出されて驚いた、メンタル不調を理由に急に退職したいと言われた、というケースは少なくありません。そうならないために「予防」と「早期対応」のための重要なポイントをいくつか紹介します。

### 【予防】

#### ①従業員への教育

ストレスは人生のスパイスとも言われ、適度なストレスは人を成長させることもあり、ストレスをゼロにする必要はありません。メンタルヘルス不調を引き起こすストレス要因や、ストレス耐性は人によって異なります。ストレスがかかっても、不調に陥らないようにセルフケアができる、自分の不調に早く気付く、周囲に相談することができる、この三つができるかどうかが、メンタルヘルス不調に陥らないための重要なカギになります。

私が対応する人のなかには「自分ではまだ大丈夫だと思っていた」「プライベートなことが原因なので誰にも相談できなかった」と言う人も多くいますが、早い段階で行動（相談）できるよう教育することが、重症化の予防になります。従業員には、まずは自分の異変に早く気付くこと、そして早めに自主的に相談するように教育します。新入社員研修を担当することがありますが、入社時にセルフケアについての知識をしっかり伝えておくことは、かなり効果があると感じます。入社したばかり、転職したばかりの従業員は慣れない環境で神経をすり減らし、知らず知らずの間にストレスが蓄積したり、緊張やストレスで睡眠の質が低下したり、自律神経の乱れからさまざまな不調を訴えることがあります。また、まだ社内で人間関係の構築ができておらず、上司や同僚にも相談しにくいため、悩みを一人で抱え込む傾向があります。ですから、そのような社員がメンタルヘルスを良好に保つためにも、新入社員研修などでは、ストレスケアの基礎教育を実施するとよいでしょう。うまく気分転換をする方法、規則正しい生活を送り睡眠をしっかりとることの重要性、社内外の相談窓口の利用方法など、簡単な内容でいいので、最初に伝えておくことをお勧めします。

ただし、1度きりの研修では、すぐに内容を忘れてしまいますので、様々な機会を利用して繰り返し伝えてください。例えば、普段メンタルヘルスに無関心な従業員でも、ストレスチェック前後は、多少関心を持ちます。年1回のストレスチェックを活用し、セルフケアについて学べる機会を設けるのも良いですし、メンタルヘルス不調になりやすい昇進や異動のタイミング、育児休職明けなどもタイミングとしてはお勧めです。

**②相談窓口の活用**

メンタルヘルス不調は、軽症の段階で専門家へ相談すれば、休職せずに回復するケースもあります。もし休職したとしても、早めに治療を開始すれば短期間での回復が期待できますので、きちんとした相談先に、悩みやストレスを吐き出せるような体制を整えておくことが大事です。相談窓口が人事や総務の管理職に設定されている企業も多いですが、専門職ではないため対応スキルに自信がないという声も聞きます。また、社内窓口は従業員にとって相談しにくいと感じるかもしれません。社内相談窓口をしっかり活用したいのであれば、契約している産業医や保健師・心理職などの専門職と積極的に連携しましょう。また、外部の様々な相談サービスを整備していても、従業員がほとんど利用していない、という話もよく聞きます。その場合はもしかしたら、周知方法に問題があるかもしれません。従業員のなかには、「こんなことで相談していいのだろうか？」「悩みを他人に相談したところでどうせ解決しない」「人にプライベートなことを話したくない」と考えている人も多いです。どんな悩みを相談できるのか、どんな効果が得られそうか、プライバシーは守られるかなど、より具体的に伝える工夫をしてみてください。

例えば、産業医や保健師・心理職に相談できるのであれば、顔写真やプロフィールとともに、それぞれに相談事例を掲載してみると良いと思います。外部の相談サービスなら、実際に人事労務担当者が利用して感想を伝えるのも良いと思います。また、従業員が相談窓口の情報をキャッチしやすいように、社内掲示板に載せるだけでなく、ストレスチェックの前後に全従業員宛にメールで知らせたりするとか、社内報やeラーニングなどを使って、複数回アピールすると良いでしょう。

### ③職場環境の改善

職場が原因でストレスが高い組織に対しては、職場環境の改善が効果的です。職場環境の改善とは、職場の物理的レイアウト、労働時間、作業方法、組織、人間関係などを改善することで、ストレスを軽減しメンタルヘルス不調を予防する方法です。ストレスチェックを実施している企業の多くは、組織ごとの集団分析結果も確認していると思います。ですが、結果については「想定通りの結果です。やる前から分かっていた。でも、どうしようもないのです」という感想で終わってしまうことが多いのが現状です。年1回の貴重な分析結果ですので、良い点も悪い点も含めてそのまま受け止め、さらに一歩踏み込んで、なんとか改善に取り組んで欲しいと思います。

その際、人事や管理職が一方的に改善を進めるのではなく、その組織で働くすべての従業員から直接意見を聴いて、改善を図るという方法がお勧めです。「取り組んでみたら意外と難しくなかった」「みんなで取り組んだので満足度が高い」という声もあります。具体的な取り組み方が分からないのであれば、他社の取組事例や手引きをインターネットで調べることができますので、参考にしてみてください。（参考資料：「これからはじめる職場環境改善～スタートのための手引～」独立行政法人 労働者健康安全機構・厚生労働省）

Column

## 【早期対応】

### ①管理職への教育

次に重要なのが、職場の管理職やチームリーダーなど、複数の従業員をまとめ、指導・管理をする立場の人への教育です。管理職教育では、従業員のメンタルヘルス不調に早く気付き、声をかけ、適切なところへつなぐことができるように、事例検討のロールプレイなど実践的な訓練を取り入れるのがお勧めです。机上の学びだけでは、いざというときに行動できないという声も多いので、繰り返し、実践的な研修を実施するのが理想的です。

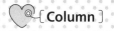

例えば勤怠の乱れ、仕事のパフォーマンスの低下、いつもと様子が違うなどの変化に対し「ちょっと気になったけれど、どう声をかけたらいいのか分からず時間が経ってしまった」ということはよくあります。なかには、メンタル不調になりかけていても、隠れて残業して仕事が遅れないようにし、周囲に気付かれないようにいつもより明るく振る舞うケースもあります。そのため「なかなか不調に気付けない」「どのように声をかけていいか分からない」と考える管理職は多いのですが、ポイントを学び、アンテナを高くし、いつでも行動できるように準備しておくと、いざという時にスムーズに対応できます。まずは従業員の性格傾向や普段の様子をよくよく観察し、把握しておくことで、少しの変化に気付けるようになります。

基礎知識として、几帳面で神経質、コミュニケーションが不得意な従業員はメンタルヘルス不調になりやすいというのは分かっていても、責任感が強く、いつも明るく社交的な従業員も周囲に気を遣い過ぎるために意外とメンタルヘルス不調になりやすい傾向があることは、あまり知られていません。また、メンタル不調になると外見や言動にも変化が現れることもあり、知識があれば変化にピンときます。実は難しい専門的な知識は不要で、メンタルヘルス不調の早期発見で重要なのは、従業員の性格や普段の様子を把握し「普段との違いを見逃さない」という点だけなのです。

## ②「実は……」と言える日頃の関係構築

そのためには、日頃からコミュニケーションをとり、仕事の進捗、働き方に対する考え方、職場の人間関係の悩みなどを聴くだけでなく、プライベートで抱えている問題も「自ら」打ち明けてもらえるよう意識して関係構築をしましょう。コミュニケーションの基本は、「相手の話をよく聴く」です。こちらが主体で根掘り葉掘り聴くのではなく、何気ない雑談や日常会話、定期的な面談をうまく活用して、相手主体で自由に話してもらえるような工夫を凝らすことが重要です。「実は……」と話しにくいことも相談してくれるようになるには、日々の積み重ねが欠かせません。また、せっかく話してくれた悩みに対し、よく理解もせずに安直なアドバイスをしたり、相手の問題をストレートに指摘したり、複雑な背景を無視して結論を急ぐような対応は控えるべきです。まずは、しっかり話を聴いて共感的に関わることで安心感を与え、そのうえで、解決できそうな内容であれば相手の意見や考えを尊重しながら一緒に考えるのが望ましい対応です。もし、すでに身体的・精神的症状があらわれている場合や、なかなか悩みを打ち明けてくれない場合は、産業医や保健師・心理職へ相談できるように手配し、受診を促すのが得策です。

皆さんはメンタルヘルスの専門職ではないので、できる範囲のサポートにとどめ、無理せずに適切なところへつなぐという役割を果たせばよいのです。

### ③専門職へのつなぎと定期的な従業員の確認

最後に忘れてはいけないのが、専門職へつなぎ、受診を促した後も、放置しないで定期的に従業員の様子を確認することです。メンタルヘルス不調者は症状に波がありますので、時間をかけて見守る気持ちが大切です。皆さんの役割は、従業員の異変に気付いたら声をかけ、話を聴くこと、専門家へつなぎ、その後の様子を定期的に伺うということになります。是非、今日から実践してみてください。日常業務のなかで、ここまでの対応は少し難しいと感じたかもしれませんが、メンタルヘルス不調の予防や適切な対応には、人事労務担当者の力が絶対に必要です。専門職と協力しながら役割を分担して、無理なく取り組んでいきましょう。

## 【おわりに】

今回、書籍を上梓する機会をいただき、改めて自分が伝えたいこと、その背景にある想いを整理しました。直近の出来事として、自分の問題意識から立ち上げたＳｍａｒｔ相談室に関する学びを元に人事労務担当者に応援のメッセージを届けたいと思ってスタートしたのですが、書き進めるにつれ、人事労務担当者だけへのメッセージではなく、働く方に対してメンタル不調に陥らないことの大切さも伝えたいと思い、筆を進めました。終盤には、自戒を込めて経営者の立場の方が本書に書かれている内容に触れ、何らかの行動変容を起こすことを期待しながら文章を紡ぎました。

結局、私の書いている内容は、個人が仕事や職場という労働力を提供する場で目にしている「個人」と「組織」の心理的なギャップについてです。ですから、ターゲットとなる読者を想定しても、その裏返しのような形で関連するステークホルダーへのメッセージにもなってくるのです。更に人事労務担当者の場合は、会社の考えを代弁する「人事労務担当者」と、会社で働く「個人」との二つの側面を持っており、その心の中は、必ずしも綺麗に役割を切り分けられない状況にあるという特性があり、その部分を特別に加味しながら文章を進めることに注意しました。

会社におけるメンタル不調者への対応は、法制度に則って一定のガイドラインが決まっています。そのガイドラインが守られないことは稀でしょう。この時点で世界的な視点で見れば、日本は恵まれているとも言えます。これは、我々の先輩世代がつくってきた宝物です。少し話題が外れますが、例えば、昨今、医療費負担に関する政策上の問題が注目されますが、その構造をつくり出している皆保険制度により、多くの方が救われています。私は会社におけるメンタルヘルス対策にも同じ感覚を覚えます。産業医の配備、ストレスチェックの実施、労災認定、それらの対策はこれまでの歴史の中でつくり上げられてきた宝物です。我々がやらなければならないのは、これまでつくり上げてきた宝物を更に有効なものに変えられるように、今の時代に適した形に運用を変えていくことです。

２０２３年３月決算から、企業価値算定の文脈で、会社の人的資本に関するＫＰＩの開示が義務付けられました。その結果、そのＫＰＩに影響を与える取り組みを会社内で行うことも奨励されます。これはメンタルヘルス対策を行う上での追い風です。指定のＫＰＩは、これまでと同じ取り組みを続けていたのでは、変化がないのです。向上させるためには、意図して新たなアクションを取らなければなりません。もちろん、それだけを目的に施策を検討するのは本末転倒です。「アブセンティズム」と「プレゼンティズム」

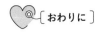

を向上させる施策を行いましょう。その結果として、KPIが向上します。取り組みとして、社員が相談しやすい環境や仕組みをつくり、社員からの相談対応を推進することはとても有効です。そうすることで、社員のメンタルケアはもちろん、社員のパフォーマンス向上を実現できます。その活動の中で新たな改善点が見つかり、施策改善の糸口も見つかるでしょう。

個人と会社の関係性は、今後もより独立したものになるでしょう。個人は自分で自分のキャリアを選択し、夢ややりたいことを明確にするようになり、それを実現する手段を探すでしょう。会社は、個人の夢ややりたいことを尊重しながら、社員のキャリアパスをサポートする必要があります。その過程で、社員が持っているスキルや能力を会社成長のために役立ててもらう施策を考えることが必要になります。この際、個人と会社の架け橋になるのが人事労務担当者です。今後、人事労務担当者は、個人のことも、会社のことを理解し、社員やあなた自身のキャリアパスを尊重しながら、事業進捗を担保していくことがミッションになっていくでしょう。

２０２４年６月　藤田康男

［著者］
## 藤田康男
Fujita Yasuo

株式会社Smart相談室　代表取締役・CEO
関西学院大学 総合政策学部、一橋大学大学院 商学研究科 経営学修士コース（MBA）卒業。
医療系事業会社で事業開発、組織マネジメントに従事。その経験から従業員の成長に課題感を持ち、2021年２月株式会社Smart相談室を設立。これまでのマネジメント経験から、従業員のメンタル不調に関して課題感を持ち、独自の視点から、課題に対するソリューション「Smart相談室」を提供中。働く人の「モヤモヤ」を解消し、「個人の成長」と「組織の成長」を一致させることで社会に貢献したいと考えている。

# 社員がメンタル不調になる前に

2024年6月30日　初版第１刷発行
2024年7月５日　第２刷発行

著　者　藤田康男

発行者　張 士洛
発行所　日本能率協会マネジメントセンター
〒103-6009　東京都中央区日本橋2-7-1 東京日本橋タワー
TEL03（6362）4339（編集）／03（6362）4558（販売）
FAX03（3272）8127（編集・販売）
https://www.jmam.co.jp/

装　　丁　沢田幸平（happeace）
企画・編集協力　稲垣麻由美（株式会社一凛堂）
本文組版　株式会社明昌堂
印刷・製本　三松堂株式会社



ISBN 978-4-8005-9235-4　C2034
落丁・乱丁はおとりかえします。
PRINTED IN JAPAN

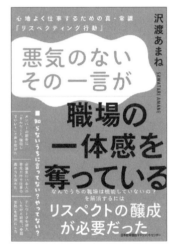